T'attendre

ISBN : 978-2-412-08829-6
Dépôt légal : mai 2023
Imprimé en France par l'Imprimerie Chirat

Responsable éditoriale : Cyrielle Londero-Gobry
Éditrice : Hélène Boursin
Correction : Cécile Chavent
Illustrations intérieures : Capucine Deslouis
Mise en pages : Capucine Deslouis

Éditions First, un département d'Édi8
92, avenue de France
75 013 Paris – France
Tél. : 01 44 16 09 00
E-mail : firstinfo@efirst.com

Maud Bettina-Marie

T'attendre

Quand le désir de grossesse se transforme en obsession

FIRST
ÉDITIONS

Je commence aujourd'hui. Je ne sais même pas pourquoi je fais ça.
J'en ressens l'envie. Ou le besoin. Voilà, je commence le dimanche 6 mars.

DIMANCHE 6 MARS

Ouh là là, une date, un carnet tout neuf, ça fait très sérieux d'un coup !
Je me suis même servi un verre de vin, c'est te dire !
J'ai retrouvé ce carnet que j'avais acheté pour en faire un « journal de gratitude ». Le genre de truc que j'ai dû voir sur le compte Instagram d'une meuf qui fait sa déco de table basse en fonction des saisons. Finalement, j'ai jamais fait ce journal. Évidemment que je ne l'ai jamais fait. Comment veux-tu que je prenne au sérieux quelqu'un qui utilise des livres comme repose-bougie !
Mais c'est pas grave, je commence autre chose, un journal de bord.
Un plus beau, rien que toi et moi. À moins que ce ne soit pour moi.

Je commence aujourd'hui sans savoir quand je terminerai.
Brrrraaaah, ça m'a foutu froid dans le dos d'un coup ! Ne pas savoir quand tu seras là. Je ne sais même pas comment je dois t'appeler.
Mon bébé ? Mon amour ? Mon futur petit amour ?

Je commence aujourd'hui et en fait si, je sais pourquoi je fais ça.
Je commence aujourd'hui parce que j'ai mes règles. Magnifique entrée en matière. Si plus tard, t'as besoin de mon aide pour écrire un poème bucolique, n'hésite pas, je serai ta plume !
Ça fait quatre mois qu'on essaye. Quatre mois qu'avec ton père, on s'est dit : « Allez, on le fait, ce deuxième bébé ! » Quatre mois, c'est rien. Enfin, non, c'est pas rien. C'est pas rien quand t'as 39 ans. C'est du temps qui passe. C'est quatre mois de plus vers les 40.
Les fameux 40 ans. Ces putains de 40 ans que la société et le corps médical te rappellent sans cesse...
« Nia nia nia, attention le temps passe vite et vous allez avoir des raisins de Corinthe à la place des ovaires. »
Merci, on a bien compris que les femmes ont une date de péremption, on nous le rabâche depuis nos 20 ans !

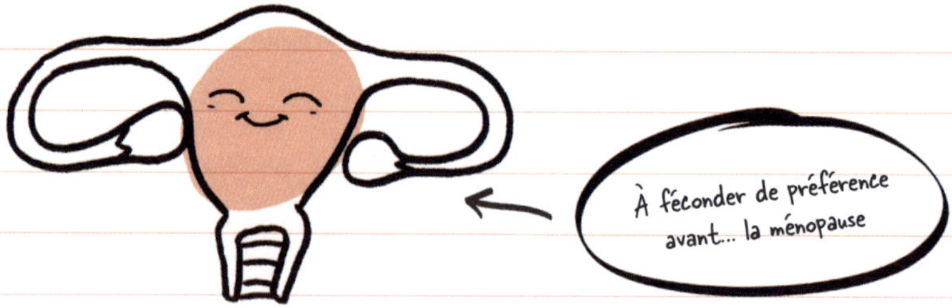

Quatre mois, c'est un mois de plus que le temps qu'il nous a fallu pour faire ton grand frère. Il aura 3 ans en octobre. On a demandé à Nino s'il préférerait avoir un petit frère ou une petite sœur, il nous a répondu qu'il préférait un castor. Pas un en peluche, non non, un vrai castor comme il a vu dans *Pat' Patrouille*.
Et qu'il va appeler, je cite, « Tiroir ». Voilà, voilà.
Donc si tu peux avoir des grandes dents, il sera content.

Je suis sûre qu'il va sauter de joie quand tu seras là !
Peut-être pas autant que moi mais quand même. Je dis ça, je ne suis pas sûre de sauter bien haut sous peine d'arroser le parquet de pipi.
Je plaisante mais je t'attends. Je t'attends comme j'ai rarement attendu. Quatre mois d'attente, c'est pas long, mais un peu quand même.
Évidemment que la grossesse est différente d'un enfant à un autre.
Certains se font attendre, d'autres moins. Et sans raison apparente.
Évidemment que tu arriveras au bon moment. Mais je ne peux pas m'empêcher de me demander :
« Bon, quand est-ce que je serai enceinte... ? »

Je commence aujourd'hui sans savoir quand je terminerai.
Et c'est ça le plus compliqué.

DIMANCHE 13 MARS

Un nouveau dimanche. Un dimanche sous le soleil. Le printemps n'est plus très loin. Le printemps, c'est un peu la période des bébés, non ?

Il est 10 h 05 et Joni Mitchell chante *Both sides now* dans ma boutique, je l'accompagne du bout des lèvres (cette chanson me donne instantanément envie de regarder *Love Actually* et de prendre dans mes bras Emma Thompson qui pleure).

J'ai réarrangé les bouquets sur la grande table en bois,
j'ai remis les échelles que j'ai repeintes en blanc et j'ai rajouté deux nouveaux vases faits main par la petite céramiste de la rue Esquermoise dans le Vieux-Lille. J'aime tant cette ambiance romantique.
J'affectionne particulièrement de travailler le dimanche matin.
Je n'aurais jamais dit ça avant. J'écris, j'écris, mais je me rends compte que tu ne dois rien comprendre ! Je ne t'ai rien dit de tes futurs parents, faut peut-être faire les présentations !

Bon, alors, on reprend du début :

→ Déjà, je m'appelle Maxime. Oui, c'est un prénom de garçon et oui, mes parents ne devaient pas beaucoup m'aimer pour m'appeler comme ça.
« Mais non, ma chérie, c'est un prénom mixte et c'est original ! »
Eh ben, maman, on va se mettre d'accord sur le mot « original » !

Parce qu'à l'école, être une fille et s'appeler Maxime, c'était pas original, c'était l'enfer.
Ça a changé vers 18 ans quand j'ai commencé à rencontrer des garçons aux mèches présomptueuses et à la guitare greffée au corps.
« Ah, tu t'appelles Maxime ? C'est trop cooooool ! » Promis, je te donnerai un prénom facile à porter. J'ai déjà ma petite idée. Enfin, pour une fille. Pourquoi c'est toujours plus dur pour un garçon ?
J'ai le pressentiment que tu seras une fille. Et pas seulement parce que je n'ai pas d'idée pour un garçon.

Pour revenir à cette histoire de boutique et de bouquets, j'ai longtemps travaillé dans une agence immobilière (spoiler : je détestais), et, il y a cinq ans, j'ai réalisé le rêve de ma vie : j'ai créé ma boutique de fleurs. Et elle s'appelle « Lune ».
Chaque fois que je réalise que c'est mon rêve d'enfant, ça m'émeut.
Je ne voulais pas seulement travailler chez un fleuriste, naaaan, je voulais MON magasin, ma marque ! Ma manière de moderniser les fleurs, de composer avec elles. Tout le monde devrait rajouter des fleurs dans son quotidien. J'aime les voir s'évader du vase pour venir colorer un buffet ou une table comme s'il fallait rajouter des couleurs à la vie.
J'aime celles toutes droites qui sentent encore le frais matin comme celles qui se courbent pour nous dire au revoir.
J'aime les pastel comme les pétantes.
J'aime autant les bouquets aux mille fleurs et mille couleurs qu'un simple bouquet de tulipes blanches.

J'aime les fleurs. Je les ai toujours aimées. Et j'aimais bien plus les fleurs que l'immobilier. Même si je réussissais parfaitement, rien dans ce métier ne m'intéressait. À part ton père : je l'ai rencontré lors d'une visite, il cherchait des locaux pour en faire un atelier. Je te l'accorde, notre histoire a commencé comme un film de Noël sur M6. Et attends, c'est pas fini ! Ton papa a un métier qui va te donner immédiatement envie de venir : il est concepteur de jouets. Allez, c'est bon, tu peux débarquer maintenant ! Je t'ai donné la meilleure raison : des jouets plein la maison ! Ton papa est un doux dingue, comme on dit.

Un éternel enfant qui a plus souvent la tête dans les nuages que les pieds sur terre. Il porte d'ailleurs le nom d'un ange : Gabriel. ♡

Bon, on ne va pas se le cacher, vivre avec un rêveur peut être fatigant. Je redoute qu'il oublie la moitié des courses quand c'est son tour d'y aller, et il est possible que l'ingrédient secret de son « bon petit plat de ce soir » soit une touche de cramé parce qu'il a oublié de baisser le feu. Parfois ça me fait rire, parfois ça me rend dingue.
Parce que moi, je suis l'opposé : je gère, je planifie, je prévois.
Un peu trop, c'est vrai.

J'ai toujours été comme ça, j'ai toujours tout organisé, tout calculé et quand j'étais petite, tout le monde dans ma famille était comme ça. C'était ma norme. Pourtant, la control freak maniaque que je suis est tombée amoureuse il y a sept ans d'un homme à l'exact opposé. J'imagine qu'on a dû trouver un truc complémentaire chez l'autre, un truc qui devait équilibrer le tout. Et surtout, en dehors de ses défauts de « logistique » disons, c'est un être humain merveilleux, une oreille attentive qui m'a toujours soutenue, une épaule sur laquelle je peux m'appuyer dès que mon cœur est en miettes. Et si je me réveille tous les matins grâce à l'odeur de café, c'est uniquement parce qu'il prend la peine de se lever avant ton frère et moi pour préparer le petit-déjeuner. Il le fait tous. les. matins.

J'aime ton papa de tout mon cœur. Tu verras qu'il y a beaucoup d'amour dans cette maison. Il y a aussi des fleurs et des jouets.

FRANCHEMENT, ♡
QU'EST-CE QUE TU ATTENDS ?

LISTE D'IDÉES DE PRÉNOM

FILLE

- Mia
- Céleste
- Junon
- Neige
- Alix
- Colette
(mais ton père déteste)
- Lison
- Jeanne

GARÇON

- Jean-Pierre

(Je déconne, viens,
même si t'es un garçon,
on trouvera !
Charles-Baudoin ?
Ok, j'arrête.)

Si MIA est en premier, ce n'est pas un hasard :
j'aime énormément ce prénom, j'avais 15 ans
quand je l'ai entendu pour la première fois,
il a résonné en moi, je ne sais pas pourquoi.

MERCREDI 16 MARS

Bon, si je ne me goure pas dans mes comptes, cette semaine, je vais entrer dans ma période d'ovulation ! Et c'est une conversation tout à fait normale à avoir avec son futur bébé ! Merveilleuse éducation !

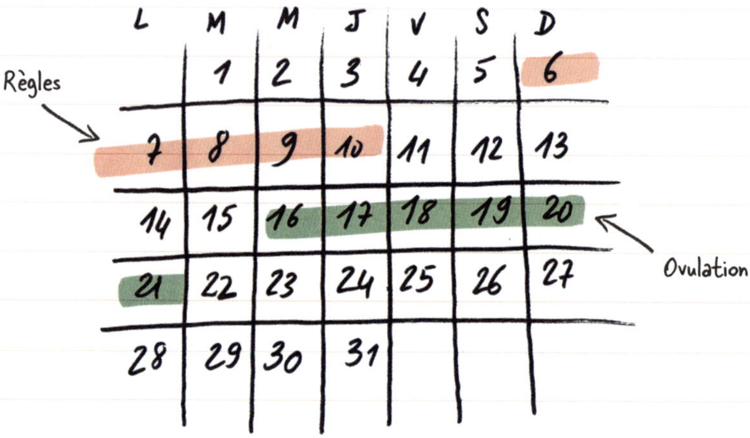

Tu sais, ton frère, on l'a fait sans rien calculer. Je savais qu'on était « à peu près » dans les clous, mais je t'avoue qu'on a eu de la chance. Ne pas comparer, NE PAS COMPARER. J'arrête pas de me le répéter.

Ma copine Amélie (qui vient d'avoir des jumeaux) m'a parlé de tests d'ovulation. Ce genre de trucs :

En gros, ça repère l'hormone sécrétée à l'ovulation, à savoir la LH (hormone lutéinisante). J'hésite à en acheter quelques-uns. Ça paraît bête mais, tous les mois, je me dis que cette fois-ci, c'est la bonne et que du coup je ne vais pas acheter des trucs que je n'utiliserai plus jamais. Ça, c'est ce que je me dis. La vérité, c'est que ça m'emmerde de devoir me fier à un bout de papier. J'ai l'impression de perdre en spontanéité. Mais j'y songe. Je ne sais pas. Allez, on va dire que si, à six mois d'essais, t'es pas là, j'essaye les tests.

Six mois... Tarde pas trop quand même.

DIMANCHE 27 MARS

Je profite que ton frère soit en train de construire son 814e train de la journée pour venir ici te parler.

Comme si tu m'écoutais.

Vendredi, j'ai appelé ma gynéco, celle qui a suivi ma première grossesse. J'avais besoin de lui parler de ces quatre mois écoulés. Oui, je sais, c'est un peu tôt, elle m'avait d'ailleurs prévenue de ne pas l'appeler avant six mois. Avait-elle vu la reloue en moi ? Je crois que j'ai eu un petit coup de flippe et que je voulais juste entendre des mots rassurants. Tu vas me dire que j'aurais pu me confier à ton père, mais je ne veux pas l'embêter avec ça.

Et elle m'a rassurée. Elle m'a répété que quatre mois, c'est pas suffisant pour s'inquiéter. Même à 39 ans.

D'ailleurs, d'après elle, ça ne veut pas dire grand-chose « 39 ans ». « Il n'y a pas que l'âge. Une femme de 30 ans qui fume, boit régulièrement, ne fait pas de sport, ne dort pas suffisamment ou se nourrit mal n'aura pas forcément une plus grande fertilité qu'une femme de 39 ans. » Bon, de toute façon, j'étais pas inquiète. Ou juste un tout petit peu.

J'imagine que ma gynéco doit être saoulée par toutes les femmes qui appellent parce que ça ne marche pas tout de suite alors qu'en cours de SVT en quatrième, on nous a appris que deux cellules reproductrices qui se rencontrent provoquent une fécondation. Sérieusement, il y a un monde entre ce qu'on nous apprend et la réalité !

Spermatozoïde + ovule = cellule œuf

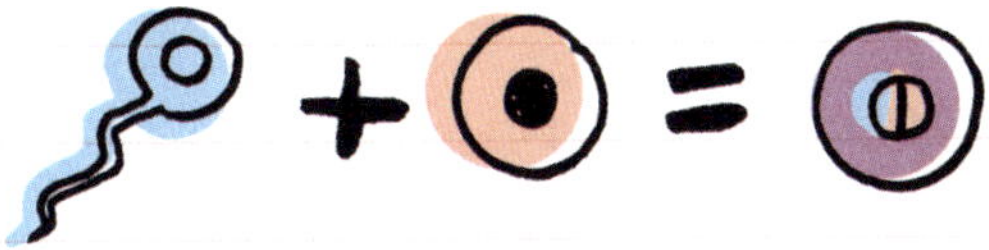

Ce qui me rassure surtout, c'est que je suis déjà tombée enceinte.
Les femmes pleines d'inquiétude qui appellent ma gynéco
n'ont peut-être pas cette chance. Je sais que tout fonctionne.
Enfin, je crois. J'espère. Bien sûr que si, ça fonctionne. Y a pas de raison.
Ça a très bien fonctionné la première fois, ça fonctionnera la deuxième.
Y a pas de raison. Y a aucune raison.

Ça fonctionnera. ÇA DOIT FONCTIONNER.

JEUDI 31 MARS

Mon bébé, d'ici quelques jours, je saurai si tu t'es installé ou pas. Comme tous les mois, j'y crois fort. Même si c'est toujours un peu stressant, cette période, on va pas se mentir. Mais j'ai confiance.

Hier et avant-hier, j'ai eu des nausées dans la journée. Et je ne peux pas m'empêcher de me dire « Et s'il était là ? Et si c'était un début de grossesse ? » Bien sûr que ça peut être en lien avec les règles qui arrivent ou même l'abus de tartiflette de la veille.

Mais j'ai envie d'y croire.

De toute façon, que tu sois là ou pas, peu importe.

♡

TU VIENDRAS TOUJOURS AU BON MOMENT.

LUNDI 4 AVRIL

Bon ben, c'est pas encore pour ce mois-ci...
J'ai eu mes règles tout à l'heure. Petite déception, forcément.
Je vais profiter du jour de fermeture de la boutique pour me reposer.
Tu sais que parfois, même les premiers jours de règles, je me dis : « Tiens, je vais quand même observer si elles sont différentes de d'habitude, parce que si ça se trouve, c'est pas vraiment des règles, et blablabla, et blablabla. » T'imagines, même quand j'ai mes règles, j'y crois encore !

Mon corps me dit : « Nan nan, meuf, oublie, c'est pas pour ce mois-ci », mais mon cœur me dit : « Attends, on est jamais à l'abri d'une bonne surprise ! » Et puis quelques jours plus tard, je reviens à la raison.
Et à la réalité : je n'ai pas de bébé ce mois-ci. Pas encore.
Mais ça va venir.

Je te désire tellement.
C'est drôle d'ailleurs parce que je n'ai aucune raison de vouloir un deuxième enfant. Je veux dire, je ne trouve pas de raison.
À part peut-être le fait d'avoir souffert d'être fille unique.
Le désir d'un deuxième enfant a toujours été là, je ne vois pas ma vie autrement. Je ne sais pas pourquoi, je le ressens. Jusque dans mon ventre, je le ressens. C'est difficile à expliquer. Mais peut-être que c'est justement ça. Peut-être que ça ne s'explique pas, ça se ressent.

Je me souviens encore du matin où je me suis réveillée et où j'ai senti en moi l'envie d'avoir un deuxième enfant, de connaître une deuxième grossesse, un deuxième accouchement, une deuxième épisio.
Nan, je déconne, ça je m'en passerais. Par contre, ce besoin si fort et si ancré, il est inexplicable.
Je n'ai aucune raison de vouloir un deuxième enfant, et je pense que c'est la meilleure des raisons.

Je n'attends rien de toi. Je n'attends pas que tu me complètes ou que tu répares quelque chose, je n'attends pas non plus que tu solidifies notre couple avec ton papa. Je n'attends rien.
Je t'attends, tout simplement.

ALLEZ, ÇA VA ALLER. ♡

SAMEDI 9 AVRIL

Après quelques jours entourée de ma copine « Flippe » et de mon copain « Déprime des grands jours », je reviens plus forte que jamais ! Youhou ! Pleine d'espoir à nouveau ! C'est toujours comme ça. Je déprime puis reprends confiance.

J'ai fait un truc un peu particulier aujourd'hui : j'ai acheté les tests d'ovulation ! Les fameux ! Oui, oui, ceux dont je te parlais ! Comment ça, je ne devais les acheter qu'après six mois d'essai ? J'avais dit ça ? Bon ben, j'ai craqué. Complètement craqué.

⟶ J'en ai acheté 150.

Je suis cette fille qui est passée de « Je ne vais pas acheter ça, ça gâche la spontanéité ! » à « Mettez-en-moi un bon kilo ! Y en a un peu plus ? Laissez, je prends ! » J'en ai 150, mais je me souhaite du fond du cœur de devoir n'en utiliser que quelques-uns.

Amélie m'a conseillé de tester mon ovulation sur un cycle complet et non pas juste les possibles jours d'ovulation. Du coup, j'ai commencé. Quel bonheur de faire pipi dans un pot tous les matins et d'y tremper mes petites bandelettes ! Ton frère est tombé dessus dans la salle de bains, je lui ai dit que c'était un test covid. Rien trouvé de mieux. Et je prie pour ne jamais le voir utiliser ce pot en guise de gobelet parce que j'aurais oublié de le mettre en hauteur.

Avec ton frère qui est arrivé du jour au lendemain, je n'avais pas en tête de planifier cette nouvelle grossesse, mais je me suis résolue à me dire qu'il faut être précis si on veut que tu arrives. En plus, s'il y a bien une personne qui aime que les choses soient carrées, c'est moi !
J'ai toujours tout fait pour réussir ce que j'entreprends et si ça doit passer par des tests, ok. Mais pour te dire la vérité, j'ai pas du tout envie de devenir cette meuf qui attend de voir les deux traits de sa bandelette lui dire « C'est bon, tu ovules ! » Je n'ai pas envie de dire à ton père « C'est bon, prépare tes gars, c'est maintenant ! » Je n'ai pas envie de calculer mes envies. Je n'ai pas envie de tout ça. Comme tout le monde, j'imagine. Qui prend un plaisir fou à pisser sur une bandelette ? Je voudrais laisser la nature faire ce qu'elle sait parfaitement faire depuis toujours. Je voudrais laisser faire la magie de la vie ! Cuicui les petits oiseaux !

Ils vécurent heureux et eurent beaucoup d'enfants

(parce que la princesse a bien fait pipi sur ses bandelettes)

De toute façon, dans la fécondation, il y a toujours une part de magie... et une part de science. Une part de calcul.
De tout petits calculs pour mettre toutes les chances de notre côté.
Science et magie, on dirait la définition de la conception d'un enfant.
La science n'empêche pas la magie, non ? Tu crois qu'on peut faire pipi sur des bandelettes en gardant de la magie ? Rien qu'en l'écrivant, je n'y crois pas... Je ne veux juste pas que ce désir d'enfant devienne une prise de tête.

Vouloir un enfant, ça doit rester joyeux.
Ça doit rester spontané. Et en même temps, est-ce possible ?

JEUDI 14 AVRIL

Aaaah, quelle bonne idée de merde j'ai eue aujourd'hui : déjeuner avec ta grand-mère ! Youpi ! Un bonheur ! Oui, je sais, tu n'es même pas encore là que je la critique déjà. Bon, tu verras, elle est très sympa avec ses petits-enfants. Elle est d'ailleurs très sympa avec les gens. Mais elle a cette tendance à ne pas prendre en considération ce que je lui dis, à tirer des conclusions sans même m'écouter ! Et je ne sais pas pourquoi, mais depuis qu'elle sait qu'on veut un deuxième enfant, elle est reloue puissance 1000 ! Je sais qu'elle est comme ça, pourquoi j'ai accepté de déjeuner avec elle ? Parce que c'est ma mère, voilà, on va dire ça.
Heureusement, elle a des bons côtés. Elle a toujours cru en moi, m'a toujours encouragée et elle laissera toujours sa porte grande ouverte si besoin. Par contre, attends-toi à subir un discours culpabilisant.

Bref, on venait juste d'arriver au resto, un petit resto que j'aime près du marché de Wazemmes. J'ai à peine eu le temps d'enlever mon manteau qu'elle me demande : « Alors, comment ça avance ? »
Je sais pertinemment de quoi elle parle. Parfois, je regrette d'avoir dit qu'on souhaitait un deuxième. En même temps, quand je l'ai annoncé, c'était lors du mariage d'une cousine, il faisait beau, y avait du champagne, on était bien et quand la mariée nous a demandé :
« Et vous alors, des projets ? », j'ai tout naturellement annoncé :
« On va mettre le petit deuxième en route. »

Ça avait mis tout le monde autour de nous en joie, y compris ma mère qui en avait les larmes aux yeux. Elle était heureuse. Trop peut-être. J'ai l'impression qu'elle s'estime être en droit d'avoir un compte rendu mensuel de nos essais bébé.

« Alors, comment ça avance ? » Ça y est, c'est parti.

« Ben écoute, ça avance bien, je pisse tous les matins sur un p'tit bout de papier et j'attends les deux traits pour m'envoyer en l'air avec ton beau-fils. Tiens, tu n'as pas des positions à me conseiller d'ailleurs ? » Mais comme je suis polie et qu'on est au milieu d'un restaurant, je lui ai répondu : « Ça suit son cours mais bon, tu sais, ça peut prendre du temps. » Qu'est-ce qui m'a pris de répondre ça ? Elle a sauté sur la phrase avant même que j'aie pu ajouter quoi que ce soit, et m'a sorti le conseil le plus débile du monde pour toutes les personnes qui essayent de concevoir un enfant :

« Ça prend du temps parce que
tu y penses trop ! Arrête d'y penser !
C'est pour ça que ça marche pas ! »

Aaaaah c'est donc pour ça ! Faut juste arrêter d'y penser !

Tu veux dire que les millions de gens qui ont un ou plusieurs enfants sont ceux qui n'y pensaient jamais ? C'est donc ça, le secret ? Que je suis con, moi ! Ben oui, j'y pense, donc forcément ça marche pas et forcément, c'est ma faute ! Heureusement que t'étais là pour me prévenir ! Nan, parce que moi, j'étais à deux doigts de voir un médecin pour demander à passer des examens, par exemple, mais en fait non, faut juste arrêter d'y penser ! Merci mille fois, maman, pour ce précieux conseil de merde qui ne sert à rien.

Alors oui, je sais bien que ça ne part pas d'une mauvaise intention, mais dire « arrête d'y penser » à quelqu'un qui désire un enfant est le conseil le plus inutile qui soit.
Par définition, JE. NE. PEUX. PAS. ARRÊTER. D'Y. PENSER.
Au même titre que Mireille qui est au chômage depuis huit mois et a enfin un entretien d'embauche ne peut pas s'empêcher d'y penser.
Au même titre que Jean-Jacques qui croise très fort les doigts pour que son crédit d'achat de maison soit accepté y pense toute la journée.
C'est juste humain.

Tu sais quoi, j'ai dit que ça ne part pas d'une mauvaise intention mais j'en suis même pas sûre.
« Ça prend du temps parce que tu y penses trop » = culpabilisation.
La réponse juste aurait été : « Effectivement, ça peut prendre du temps. » Point. Là, dans sa phrase à la con, j'ai l'impression que le problème vient de moi et de mon putain d'esprit que je n'arrive pas à maîtriser.

Elle aurait pu ajouter : « Et comment vis-tu cette attente ? Ce n'est pas trop dur ? Qu'est-ce qui t'aiderait à traverser cette période ? Qu'est-ce que je peux faire pour toi ? », des mots simples.
Rien de tout ça, tu penses bien. Pour avoir la paix, j'ai juste répondu : « T'as raison, je vais arrêter d'y penser » et j'ai enchaîné avec un « Et toi ? » Comme elle adooooore parler d'elle, je savais que la conversation essais bébé était close. T'imagines qu'on s'est vues pendant une bonne heure, qu'il y a eu trois phrases autour de mon projet bébé puis plus rien, et pourtant je n'ai pas réussi à me sortir ces putains de phrases de la tête. Ma mère me parlait et je n'écoutais rien. J'avais juste envie de la couper pour lui dire : « Tu sais que ce que tu viens de me dire m'a blessée ? Tu sais que l'attente est suffisamment difficile à vivre pour que je me passe de ton conseil qui me fait culpabiliser ?
Donc désormais, si c'est pas pour me demander comment je me sens, on va arrêter de parler bébé jusqu'à ce qu'il arrive. »

ET ENCORE, TU SERAS AU COURANT DE MA GROSSESSE QUAND JE DÉCIDERAI DE TE LE DIRE !

Je suis incapable de lui répondre ça.

Elle me parlait de ses histoires de toilettes bouchées et de son proprio qui met trop de temps pour les changer et moi, j'en avais tellement rien à foutre. « C'est parce que tu penses trop à tes chiottes, c'est pour ça ! Arrête d'y penser, tout simplement ! », c'est ça que j'aurais dû lui répondre.

J'aimerais pouvoir me confier à ma mère.
J'adorerais l'avoir pour confidente, partager avec elle mes déboires.
En fait, je crois que j'aimerais parler de tout ça juste avec quelqu'un.
Même à ton père, je n'en parle pas. Déjà, parce qu'il ne vit pas du tout cette attente comme moi et qu'il est focus sur d'autres choses.
Et surtout parce que je suis tellement habituée aux conseils merdiques de ma mère que je n'ose pas en parler. Sûrement pour m'éviter d'entendre des réflexions pareilles.
On se sent un peu seuls parfois, moi et mon petit bagage de ressentis.
Alors, je viens ici. Et ça me fait du bien.

MERCI, ♡
MON SOLEIL.

MARDI 19 AVRIL

Ça y est, j'ovule !

Pardon, je n'ai même pas dit bonjour. Il est 7h05, ton frère dort encore, j'en profite toujours pour faire mes tests avant qu'il se réveille. Ça fait (attends, je compte sur mes doigts, suis fatiguée) dix jours que je fais des tests et c'est la première fois que je vois bien les deux barres apparaître ! Je pensais ovuler deux jours avant, alors qu'en fait non. Donc finalement, c'est pas si mal ces tests ! Je vais les encadrer, ça va être très sympa dans le salon !

J'ai accepté de faire des tests d'ovulation pour y voir un peu plus clair, mais je refuse de perdre toute spontanéité avec ton père.
Hors de question de programmer nos câlins ! Ce n'est pas une bandelette qui va me dire quand je dois faire un bébé, non mais oh !
Tu vois, ce que je viens d'écrire, je n'y crois pas du tout.
C'est ce que je me disais avant, mais l'envie de te rencontrer est de plus en plus forte, alors oui, je crois que je vais laisser cette bandelette positive décider pour moi des jours des câlins. Même si je n'aime pas ça.
Mais s'il ne se passe rien ce soir alors que ma bandelette me dit « Les amis, c'est maintenant ! », je vais ruminer et me dire « Pourquoi tu fais des tests si c'est pas pour les optimiser ?
C'est ta nouvelle morning routine ? » Donc ok, prenons en considération les tests. Mais ne perdons pas de vue l'amusement !

Va falloir garder notre dose d'humour dans ces essais. Sinon, on risque non seulement de perdre la spontanéité mais aussi de perdre l'enthousiasme.

Je croise très, très fort les doigts pour que cette fois-ci soit la bonne et que je revende mes tests non utilisés sur Vinted.

PS : Évidemment que non, je ne suis pas dingue à ce point.

PS 2 : En même temps, si ça peut me permettre d'acheter un ou deux bodies...

PS 3 : Je déconne !

PS 4 : Quoique...

VENDREDI 29 AVRIL

Pfffff, cette putain de période…

ENCEINTE ? PAS ENCEINTE ?

C'est d'un chiant ! J'ai la voix de ma mère qui me revient dans les oreilles : « Arrête d'y penser ! » Évidemment, j'y arrive pas. Je fais l'inverse, même. J'essaye de déceler le moindre symptôme. Mais comme le corps est un vicieux, il peut faire passer un symptôme prémenstruel pour un symptôme de grossesse. J'ai l'impression que mon cerveau s'est dit : « Je sais pas vous, mais moi je trouve que l'attente, c'est pas assez chiant… Et si on en rajoutait une couche ? Si on créait des symptômes de règles qui ressemblent à des symptômes de début de grossesse, histoire de bien mettre le doute tous les mois, qu'est-ce qu'on en pense ? » On pense que t'es un enfoiré.

Parce que pendant ce temps-là, on se demande : « Attend, ce petit tiraillement dans le bas-ventre, ça correspond à quoi ? » Et on regarde les jours filer, on vérifie le fond de sa culotte pour voir s'il n'est pas rouge, on patiente en bouffant ce qu'il nous reste d'ongles… En plus, quand tu écoutes les médecins, t'as l'impression que TOUT peut être symptôme de grossesse ! J'ai mal au ventre ? Symptôme ! J'ai mal au dos ? Symptôme ! J'ai des bouffées de chaleur ? Symptôme ! J'ai des nausées ? Symptôme ! J'ai la chiasse ? Symptôme ! Sérieux !? On dirait le covid !

« Oui, bonjour docteur, j'arrête pas de péter depuis ce matin.
– Bonjour, c'est soit le covid, soit une grossesse ! »

Excusez-moi, on pourrait simplifier les choses, s'il vous plaît ?

Je vois bien que ton papa se prend moins la tête que moi.
Je vois bien que cette attente ne l'empêche aucunement d'avancer dans ses projets. Il gère cette période d'attente le plus tranquillement du monde. En fait, il ne la gère même pas, il la vit simplement.
« Il arrivera quand il arrivera » me dit-il.
Facile à dire quand t'es un mec ! Parce que de mon côté, j'ai pas dix ans devant moi ! Plus sérieusement, je vois bien que pour lui, l'attente n'est pas du tout anxiogène. À vrai dire, je crois qu'il n'y pense même pas. Je sais qu'il désire un deuxième enfant mais le désire-t-il autant que moi ? Et en même temps, est-ce que c'est pas lui qui a raison ? De rester confiant et laisser faire les choses ?

LUNDI 2 MAI

Eh merde, fait chier. Là, tout de suite, je vois pas d'autres mots.
Mes crampes étaient donc bien des symptômes de règles.

DÉJÀ
SIX MOIS
SANS
TOI

→ Appeler ma gynéco

Six mois, c'est ce que ma gynéco m'avait demandé d'attendre avant de l'appeler. Du coup, ça veut dire quoi ? Qu'à partir de six mois d'attente, ça devient inquiétant ? C'est quoi la norme ? Je viens de regarder sur Internet (oui, c'est une bonne idée de merde) et selon l'INED (Institut national d'études démographiques), 75 % des couples obtiennent une grossesse dans les neuf mois. Bon, je m'inquiète peut-être pour rien, six mois, c'est pas grand-chose.

J'ai tapé « temps d'attente pour une grossesse » et il y a des sites qui mettent en gros titre « conseils pour tomber enceinte rapidement ». Comme s'il existait une recette miracle. Et si ces articles existent, c'est que des gens se posent la question et cherchent cette recette miracle. C'est fou comme, à partir du moment où tu décides que tu veux un enfant, plus rien ne peut t'enlever cette idée de la tête ! Dès l'instant où tu le désires, tu entres dans la (potentielle) boucle infernale de l'attente. ET CE DÉSIR DEVIENT PEU À PEU UN BESOIN.

Je suis là, comme une conne, assise sur les toilettes, à regarder le sang sur le papier – ce sang qui m'annonce que c'est pas encore pour ce mois-ci – et je suis systématiquement prise entre deux ressentis : un peu triste parce que ça veut dire que tu n'es pas là, mais je me rassure en me disant que c'était sûrement pas le bon moment. J'essaye de rester positive.

Mais, c'est peut-être un peu tôt. Je veux dire, il faudrait peut-être que j'arrive d'abord à admettre mes émotions négatives avant de vouloir passer au positif.

Comme d'habitude, le premier truc que je fais, c'est prendre ton frère dans les bras. Je suis tellement mais tellement reconnaissante qu'il soit là. Je me colle à lui, je me fourre la tête dans ses cheveux, je pourrais le couvrir de bisous pendant des heures. Et lui me dit :
« Maaais mamaaan arrête, je joue au crain ! »
(« au train », tu l'auras compris).

J'ai toujours envie de lui faire mille câlins, mais dans ces moments-là encore plus. Je remercie le ciel qu'il soit dans ma vie. C'est pour ça que je veux rester positive. Pour lui. Je ne peux pas être triste alors qu'il est là, je n'ai pas le droit.

MERCREDI 4 MAI

Troisième jour de règles. Troisième jour de brouillard. T'en fais pas, t'y es pour rien, avec ou sans essai bébé, j'ai toujours été sensible pendant mes règles. Je peux pleurer parce que le bonhomme rouge sur le feu tricolore des piétons a l'air malheureux. Fucking hormones !

Et comme si c'était pas suffisant, j'ai eu l'immense joie d'accueillir à la boutique ce qu'on peut communément appeler une sacrée connasse. Amis de la poésie, bonsoir.
Je suis donc au magasin, c'est la fin d'après-midi et je me sens fragile. Je me suis sentie fragile toute la journée. À fleur de peau. Oh punaise, j'aurais dû appeler mon magasin comme ça ! « À fleur de pot »... Nan, c'est ringard. C'est digne d'un salon de coiffure qui s'appelle « Créa-Tif ». Bref, une cliente du quartier débarque : « Bonjour, Maxime, vous allez bien ? » Ce à quoi je lui réponds : « Non, pas top. J'ai mes règles. Moi, je ne veux pas mes règles, je veux un bébé. Et ma culotte menstruelle commence à déborder. » Bon, ok, je n'ai pas répondu ça, je lui ai dit : « Très bien et vous ? », accompagné d'un grand sourire qui ne pouvait pas remettre ma parole en doute. La cliente me répond alors qu'elle va super bien parce que : « Ma nièce a accouché » ! Ah. Parfait. Super. Merci la vie.

« Félicitations à elle ! » ai-je répondu. Cette réponse toute faite. Félicitations de quoi ? D'avoir un appareil reproducteur capable de fabriquer un bébé ?!

Le mien s'est fabriqué de magnifiques pertes vaginales dignes d'une limace, on peut me féliciter aussi ? Ça m'a submergée d'un coup.
Je me sentais... je sais pas... Énervée ? Non, c'est pas le bon mot.
Attristée ? Les deux à la fois ?

Cette dame vient donc tout naturellement acheter un bouquet dans les tons blancs pour aller visiter ses nièce et petite-nièce à la maternité. Petite-nièce. Toute petite. En préparant le bouquet, j'imagine la joie de cette nouvelle maman, ce tout-petit qu'elle vient d'accueillir, cet être qui n'est que pureté. Et caca. Quelle merveille !
Je sens que cette histoire m'affecte, mais je prépare du mieux que je peux un joli bouquet monochrome, en essayant de le faire avec le plus d'empathie possible et non pas empli de jalousie comme celle que j'ai pu ressentir l'instant d'avant. Je me calme et tends le bouquet à la cliente qui me pose LA question que je ne supporte plus :
« Et vous alors, vous le faites quand, le petit deuxième ? »
Tu n'imagines pas le nombre de fois qu'on m'a demandé ça. Putain, mais pourquoi ? Est-ce qu'on peut arrêter une bonne fois pour toutes de me poser cette question qui me rappelle que tu n'es pas encore là ?
Est-ce qu'on peut arrêter les questions sur la maternité, bordel de cul ?

Madame, tu ne connais pas ma vie, tu ne sais pas si je galère, si j'en souffre, tu ne sais pas non plus où en est mon couple, tu ne sais rien de moi, donc on arrête avec ce genre de questions ! Sérieux !

Évidemment, je ne lui dis rien de tout ça et lui réponds : « On essaye. » Je devais avoir un air dépité puisqu'elle a incliné sa tête sur le côté et a dessiné sur son visage un sourire navré. Et moi, j'ai eu l'impression d'être une grosse loseuse. « À votre âge, c'est normal que ça prenne plus de temps ! » Allez, tiens, bim !
Prends ça dans ta gueule, Maxime. Entre ma mère et elle, je suis habillée pour l'hiver. Ça fait mal au fion mais je dois reconnaître qu'elle a raison. Ce petit rappel à l'ordre m'a fait me sentir encore plus mal, mais je me répétais : « Bon allez, elle va prendre son bouquet, se barrer et on va aller respirer un bon coup. » Et là, elle ajoute cette remarque (la voilà, la connasse) qui m'a achevée :

« En même temps, pourquoi vous avez attendu si longtemps pour faire des enfants ? »

Mais... mais... mais enfin ???!!!!

DE.QUOI.JE.ME.MÊLE ??? Carrément, elle remet mes choix de vie en question ! Comment est-ce possible de demander un truc pareil ? Sérieusement, elle m'a rendue dingue !

Pourquoi j'ai « attendu si longtemps » ? Parce que la rencontre avec le papa a pris un peu de temps, parce que j'ai d'abord voulu réaliser mes rêves en créant mon magasin, parce que mon post-partum a été compliqué après mon premier, parce que je voulais profiter un peu de mon fils avant de penser au deuxième, parce que je ne me sentais pas prête avant, parce que fous-moi la paix avec tes questions dégueulasses qui m'obligent à me justifier !

« Merci beaucoup et au plaisir ! »

« PRENDS TON BOUQUET, CASSE-TOI ET NE REVIENS PLUS JAMAIIIIIIIIS ! »

Je peux t'avouer quelque chose ? Je sais très bien pourquoi cette question m'a piquée au vif à ce point : parce que je me pose la même. Tous les mois, je regrette de ne pas avoir eu un premier enfant plus tôt. Je me dis que j'en serais peut-être pas là aujourd'hui à regarder le temps passer. Parfois, je regarde les jeunes parents dans la rue et je me dis qu'ils sont chanceux, le temps ne les a pas encore rattrapés. J'imagine qu'à 39 ans, l'attente est plus difficile à gérer qu'à 29 ans. Et en même temps, je n'en sais rien. Si ça se trouve, ça aurait été tout aussi long même en commençant plus tôt. Quand tu commences, tu ne sais jamais quand ton enfant arrivera. Ça fait partie des mystères de la vie. Et à tout âge, attendre c'est long. Est-ce qu'on est prêt à ça ? Qui arrive à gérer l'attente de manière paisible ? Qui n'est pas pressé, anxieux, triste quand c'est pas encore le bon mois ? Qu'il se dénonce immédiatement et me donne ses secrets !

Je n'ai plus des années devant moi et parfois, ça me fait flipper. Mais je ne peux pas revenir en arrière. Aussi dur que ça puisse être, je ne pourrai jamais faire marche arrière, revenir sur certains choix. C'est trop tard. Et écrire ça me donne envie de pleurer. Me voilà, moi et mes 39 ans, à vouloir un deuxième enfant et prier tout ce que je peux pour qu'il arrive avant qu'il ne soit trop tard. Je ne peux plus qu'aller de l'avant. Et espérer très fort.

VENDREDI 6 MAI

Je viens de l'appeler. Elle m'avait dit six mois, j'ai respecté six mois. (Pas du tout, je l'avais déjà appelée à quatre mais là, j'ai le droit, c'est elle qui me l'a dit ! Niark, niark !) J'ai donc appelé ma gynéco pour lui dire que nous étions à six mois d'essais. Elle avait l'air étonnée de mon appel : « Mais vous m'avez appelée le mois dernier, non ? » Pas du tout, c'était le mois précédent, complètement différent ! Mauvaise foi, quand tu nous tiens. « Très bien, nous allons prendre un rendez-vous... Le 28 juin, c'est possible pour vous ? », euh... le 28 mai, vous voulez dire ? « Non, non, le 28 juin, je ne vais pas avoir de place avant, mais ne vous inquiétez pas, rien ne presse ! » QUOOOIIIII ? (des oiseaux se sont envolés après mon cri strident)

Madame, je ne sais pas où tu vis mais clairement, on est pas dans le même espace-temps. Le 28 juin, c'est hyyyyyyyyper tard, tu ne te rends pas compte, on passe potentiellement à côté de deux cycles ! Deux cycles ! Deux ovulations ! Deux bébés possibles ! NO FUCKING WAY !

« Vous n'avez pas du tout de place avant ? Même très tard le soir ou très tôt le matin ? Ou même pendant votre douche ? » Elle m'a coupée avant l'histoire de la douche en disant : « Madame, je vous assure que nous ne sommes pas si pressées ! Six mois, surtout à votre âge, ça n'a rien d'inquiétant ! »

Bon, on va arrêter immédiatement avec mon âge qui me fait suffisamment chier. Elle avait beau essayer de me rassurer, je ne l'entendais même pas, j'étais dans mon délire ! Maxime, prends-toi une tisane et calme-toi, s'il-te-plaît !

Et en même temps, pourquoi faut-il attendre si longtemps ?
Je veux dire, pourquoi on ne fait pas de tests avant ces fameux six mois, pourquoi attendre ? Je vais voir avec ma pote Amélie si elle n'a pas un médecin ou deux à me conseiller qui aurait de la place avant. Ouuuuuh que je suis diabolique ! Ou complètement tarée.
Cochez la case correspondante. Je veux juste une ordonnance pour faire une prise de sang, c'est tout. Je veux juste contrôler !

Ah ben voilà, le mot est lâché. Je l'ai écrit sans même me rendre compte de la portée de mes mots : « JE VEUX CONTRÔLER. » Voilà le souci.
Les gens me demandent d'être patiente, ils ne sont pas à ma disposition et s'arrangent aussi en fonction de LEUR planning.
Et ça, ça me rend dingue. Nan, parce que moi, j'ai MON planning en fait !

Je ne déconne pas : je planifie un truc… qui n'existe pas.

Dans ma tête, il se passe ça :

Avril **Mai** **Juin**

Trois premiers mois > nausées et fatigue.
→ S'inscrire à la maternité.

Lancer des annonces pour trouver un apprenti.

Juillet **Août** **Septembre**

vacances
+ prévoir cours d'accouchement
+ organisation chambre bébé.

7 mois de grossesse, l'apprenti commence.

Octobre **Novembre** **Décembre**

Préparer la valise de maternité.

Accouchement

La folie ! Je me fais mon petit planning mental, puis tout à coup, je me vois faire et me dis : « Mais ma pauvre fille, tu fais ça comme si tout était prévisible !
Et surtout... T'ES MÊME PAS ENCORE ENCEINTE ! »

Et attends, c'est pas fini : tu veux savoir jusqu'où va ma folie ?
Je fais la même chose tous les mois ! Ouais, ouais.
Avant même de savoir si tu es là ou pas. Une tarée, je te jure !

On m'a appris à tout planifier, tout analyser, tout contrôler.
J'ai énormément de mal à faire « au jour le jour ».
Soyons franche : je ne sais pas faire. Ça a des avantages !
Quand tu as une entreprise, par exemple, être organisée, savoir planifier les choses, prévoir, etc. c'est top ! Quand il s'agit de faire un enfant, c'est moins top.
Je ne sais pas si ces plannings, qui n'existent que dans ma tête, m'aident à me projeter ou si j'entretiens un truc un peu sadique avec moi-même. Va falloir que j'apprenne que tout ne se programme pas dans la vie et qu'un enfant n'est pas une case à cocher dans un emploi du temps.

Allez, on va essayer d'attendre jusqu'à fin juin. 

LUNDI 9 MAI

Qu'est-ce que je disais déjà ?
Ah oui ! Essayer d'attendre jusqu'à fin juin... Raté ! Oups ! J'ai craqué.
Franchement, tu peux me féliciter, j'ai tenu le week-end !
Mais je ne veux pas perdre de temps. J'ai appelé ma copine, elle m'a donné les coordonnées d'un gynéco spécialisé en fertilité qu'on lui avait conseillé « mais je ne l'ai jamais vu parce que finalement, les jumeaux sont arrivés tellement vite ! » Nia nia nia, épargne-moi ta joie d'être ultra-fertile et passe-moi son numéro, merci !

Docteur Moulin.

J'ai regardé les avis Google, les meufs sont fan de lui :
« Merci au docteur Moulin, grâce à vous, j'ai pu donner naissance à une magnifique petite fille », « Le Dr Moulin est un magicien ! », « Je suis tellement reconnaissante envers ce docteur que je préfèrerais que ce soit lui le père de mon enfant ! », nan je déconne.
Mais en tout cas, il est hyper bien noté. Ouais, aujourd'hui, on choisit son médecin grâce aux avis et nombre d'étoiles sur Internet.
En même temps, qui se risquerait à aller voir un médecin qui a 2/5 avec des critiques comme « À fuir » ou « Médecin brutal et humiliant » ? Non, on va plutôt aller voir ce docteur qui semble être un super-héros. Il doit avoir une statue de lui à l'entrée.
« Le cabinet du docteur Moulin, s'il vous plaît ? », « Vous tournez à droite et quand vous verrez un colosse sur un piédestal, c'est là ! »

Quelle heure est-il ? 9 h 07. Bon, allez, j'appelle, comme ça c'est fait.
I'm back ! Avec une bonne nouvelle : il m'a donné un rendez-vous dans huit jours parce qu'il y avait justement un désistement !
Sa secrétaire a l'air sympa, elle m'a donné une ordonnance pour faire une prise de sang afin de voir, je cite, « où en est votre réserve ovarienne », très bien madame, on va faire ça ! Je viendrai avec les résultats. Pffff, je voudrais que le rendez-vous soit demain !
J'ai hâte !
J'ai hâte parce que là, j'ai l'impression que les choses avancent et que je vais pouvoir enfin avoir un avis médical. Ça m'a rassurée, ce coup de fil, même si je ne suis pas inquiète. Pas trop. Pas plus que ça.
En même temps, quand t'écris « Je ne suis pas inquiète », c'est que t'es inquiète, non ?

MARDI 17 MAI

Ce mec est une merde. Ok, c'est un peu violent. Et très subjectif. Disons que j'ai pas du tout accroché avec lui. Je t'explique : je suis arrivée au cabinet et déjà, la sympathique dame que j'avais eue au téléphone avait dû changer parce qu'elle, elle était pas sympa du tout. Impatiente, zéro sourire, aucun humour, bref désagréable.
Alors que j'estime que c'est pas l'endroit. Je veux dire, c'est pas un endroit où tu peux te permettre d'être une tête de con.
Quand t'appelles Pôle emploi, t'es pas trop étonné si tu tombes malheureusement sur le crétin de service.
Là, les femmes qui viennent voir ce médecin sont toutes plus ou moins à fleur de peau, elles prennent souvent rendez-vous avec lui après plusieurs mois d'essais bébé infructueux puisque c'est sa spécialité, ou elles viennent tout simplement pour un examen gynécologique basique mais qui n'est de toute façon jamais une grosse partie de plaisir, donc j'estime que la moindre des choses, c'est d'ajouter une petite touche de douceur et d'empathie à leur arrivée. Un petit sourire. Un petit truc humain, quoi. Micheline, sois gentille, va prendre un café et reviens-nous détendue du slip.

⟶ Bon, passons, on va attendre le docteur. Aaaah, le voilà !
Ok, donc on est très, très loin d'un super-héros : la soixantaine, petit, les épaules tombantes, trois cheveux rabattus sur le crâne en guise de crinière et une dizaine de dents qui ne demandent qu'à être remplacées.

Tu vois Captain America ? Ben tu vas à l'autre bout de la chaîne et tu auras Dr Moulin. Mais enfin bon, je ne viens pas lui demander de me faire un enfant mais de m'aider à en faire un.
Au premier abord, il m'a paru sympathique. Il m'a d'abord posé tout un tas de questions sur nos vies personnelles et professionnelles à ton père et à moi. Il m'a alors précisé qu'il aurait été plus judicieux de venir avec lui. Et effectivement, j'ai réalisé soudain que j'étais venue seule. Sans même réfléchir. Une fois de plus, seule. Je n'ai pas pensé à le convier au rendez-vous. Je lui ai dit : « Demain, je vais chez le gynéco », comme s'il s'agissait d'un rendez-vous gynécologique classique.
Je n'ai même pas évoqué le bilan des six mois d'essais bébé.
J'ai littéralement oublié qu'on est deux dans cette histoire.
T'imagines ?
Qu'est-ce qui me prend ? Pourquoi est-ce que je m'inflige ça ?
Je lui raconterai. Ce sera l'occasion de voir comment il réagit.

Le médecin a ensuite abordé la partie médicale en lisant mes résultats de prise de sang. J'avais un peu lu le compte rendu sans trop comprendre, donc j'étais à deux doigts de lâcher un petit caca mou en attendant le verdict jusqu'à ce qu'il lâche un « Aaah, ça c'est plutôt une bonne nouvelle ! » Ouf, ça y est, je peux me calmer !
J'ai, je cite, « une excellente réserve ovarienne », merci...
« pour une femme de votre âge ! » Hop, le petit tacle à la fin de la phrase qui remet bien mon ego à sa place.
Mais peu importe, j'étais super contente d'entendre ça.

TSH 0,71
FSH 7,1
LH 5,1
Béta Estradiol 62
Prolactine 11
Hormone Anti Mullerienne 1,80

Me demande pas de t'expliquer, je comprends rien.

Je lui ai demandé si ce taux encourageant pouvait chuter rapidement vu mon âge, il m'a répondu que non, ça ne diminue pas d'un coup, ça se fait sur plusieurs années. Ok. Cool. Il a ajouté que le côté positif dans tout ça, c'est que j'ai déjà un enfant, « ce qui montre que vous et votre conjoint êtes un couple parfaitement fertile ». Ce sera notre nouveau répondeur : « Bonjour, vous êtes bien chez Maxime et Gabriel, nous sommes un couple parfaitement fertile mais absent pour le moment, laissez un message ! »

Il m'a ensuite demandé de bien vouloir me déshabiller pour faire un examen et une échographie pelvienne. Bien sûr, docteur, avec une grande joie ! J'adore me foutre à poil devant un parfait inconnu, m'allonger sur une table froide dans une salle d'examen à la déco teeeeellement chaleureuse ! C'est du cannage que vous avez ajouté sur votre chariot à échographie ? C'est ravissant ! Et ce mur végétal, quelle bonne idée !
Rien de tout ça, évidemment. J'ai même eu droit au fameux « Vous pouvez rapprocher vos fesses au maximum du bord de la table ? »
Docteur, encore un peu et j'ai le cul dans le vide, donc t'es gentil, tu vas faire un effort de ton côté !

Il m'a fait un examen classique qui n'a rien montré de particulier. Je peux t'avouer un truc ? J'espérais presque qu'il me dise : « Ah ben oui, y a un petit trucmuche là, c'est ça qui freine la conception de votre enfant ! Vous allez vous prendre deux bonbecs, et on n'en parle plus ! » J'en viens à espérer d'avoir quelque chose, pas grave hein, mais juste un petit truc qui viendrait justifier ces mois d'attente. Au lieu de m'estimer heureuse que tout aille bien. Je m'auto-saoule.

Bon, tu vas me dire, jusque-là, rien ne justifiait « Ce mec est une merde » ! C'est après que j'ai commencé à le trouver bizarre. J'ai bien envie de dire « manipulateur ». Ouais, je vais dire ça ! Après l'examen, on est retournés à son bureau et là, il a posé ses coudes sur la table, a croisé ses doigts, il a pris un air grave et a dit : « Bon, madame... », ce « madame » qui commence mal une conversation, « Je ne vous cache pas qu'avec votre âge qui avance, les choses sont compliquées... » Attends, pourquoi ce mec qui était très positif jusqu'à présent installe d'un coup un ton dramatique ? Je lui demande pourquoi, puisque selon lui mon taux de réserve ovarienne est prometteur. Il me répond gravement : « Oui, mais vous savez, ça dégringole vite... » Il venait de me dire le contraire, que c'était très progressif sur plusieurs années, je ne comprenais plus rien. Je rebondis alors sur l'échographie, vu qu'il n'a rien trouvé d'anormal, et il me répond : « Ah ben ça, on n'en sait rien ! Il faut faire des examens complémentaires pour être sûr ! Et le souci peut aussi venir de votre conjoint ! » Mais enfin ?! Pourquoi tout est grave d'un coup ?! Et où est donc passé notre couple parfaitement fertile ?

Nan, parce qu'il y a une différence entre : « Ça peut prendre du temps », comme je l'ai entendu mille fois, et : « Les choses sont compliquées » ! Et là, il me balance de but en blanc et avec la voix la plus tragique possible : « Je pense qu'il est nécessaire d'envisager une PMA. » Hein ?? Mais... Quoi ?! D'où ça sort ??? J'étais pas préparée. J'étais pas préparée à parler de PMA alors que je venais pour un bilan après six mois d'essais. Et à partir de là, tout en écrivant des trucs sur une ordonnance, il a enchaîné les phrases type « Ensemble, on va y arriver », « On va le faire, ce bébé »... Attends, deux secondes : comment ça « On » ? Aaaah, j'ai compris maintenant !! En fait, tu t'accapares le corps des femmes, c'est ça ? Nan, parce que là, d'un seul coup, je me suis clairement sentie dépossédée de mon corps et de mes capacités. D'un seul coup, je devais partager la conception de mon enfant avec ce mec. J'ai eu un ressenti immédiat de rejet, ses phrases étaient malsaines au possible. Fin de séance, il s'est levé, m'a raccompagnée jusqu'à la gueule d'enterrement qui lui sert d'assistante, s'est retourné, m'a pris les deux mains et m'a dit dans le blanc des yeux et devant toute la salle d'attente : « Surtout, on reste positif ! » Mais AAAaaaahhhhh ! Lâche-moi, Gargamel !!

Quel comportement ignoble !!! Installer une peur dans ma tête, venir te positionner en sauveur pour finir sur cette façade sociale soi-disant bienveillante, mais quelle horreur !! Donc je confirme : **ce mec est une merde.** Ah oui, j'oubliais ! Il est retourné dans son bureau en lançant « Et je vous ai fait un prix d'ami pour l'échographie ! » 210 €. C'est son prix d'ami. Prix d'ami pour une échographie que je ne lui ai pas demandée et que j'aurais pu tout à fait faire ailleurs. Allô, la police du glauque et du foutage de gueule ? J'ai un client pour vous !

Je ne remets pas ses compétences médicales en question et j'imagine qu'il a dû satisfaire des gens, mais ces méthodes de communication sont absolument immondes. En fait, utiliser les peurs des femmes en souffrance, ça me débecte. Franchement, j'ai eu l'impression d'être face à un mec qui est tellement frustré de ne pas pouvoir donner la vie qu'il s'approprie ce pouvoir, tu vois ce que je veux dire ? Aaaaaah, il me dégoûte. Beurk ! Bon, ok, j'en fais un peu trop. S'il a pu rendre heureux des gens, tant mieux. Ce sera sans moi.

Faut quand même avouer qu'entendre « PMA » m'a retourné le bide. Je ne suis pas prête. J'ai des copines en plein parcours PMA et je sais pertinemment que c'est une sacrée épreuve et donc une décision qui n'est pas à prendre à la légère. Pour l'instant, je vais tenter de faire confiance à ce couple fertile que nous sommes et à ma réserve ovarienne digne d'une femme de 35 ans. Allez, on va continuer d'y croire.

D'autant que je suis en pleine ovulation. Donc j'espère bien me faire une soirée câlins. Et j'espère que Gargamel ne va pas s'immiscer dans mes pensées en plein acte. L'horreur !

Vous faites un petit schtroumpf ?

MERCREDI 18 MAI

Il est 7 h 24. Je n'ai pas bien dormi. Et je sais pourquoi. Je suis rentrée hier soir du rendez-vous médical et j'ai raconté à Gabriel comment ça s'était passé, l'histoire du couple fertile (« Bonsoir, nous sommes un couple fertile ») et du fait que Gargamel m'avait proposé une PMA. Et comme d'habitude, j'ai enrobé le tout dans une bonne dose d'humour. On est comme ça avec ton père, on ajoute toujours du second degré, on fait des blagues, on rit parce que ça aide à relativiser et à prendre les choses avec recul. Mais ça empêche aussi parfois de se confier. D'être sincère avec l'autre et surtout soi-même. Ton père, lui, était sincère, il n'a aucune inquiétude. Mais moi, si. J'ai ri, j'ai fait comme si rien de ce qui avait été dit ne m'atteignait. Et j'ai été me coucher en feintant un état paisible. Mais je n'étais pas paisible du tout. Je sais que ce médecin est entré dans ma tête et a planté une graine de peur qui est en train de germer. Ou du moins, il a arrosé celle qui existait déjà et que je ne veux absolument pas admettre.

Est-ce que PMA, ça veut dire que je ne suis pas capable de faire un enfant de manière plus naturelle ? Que je n'en suis plus capable ? Est-ce que je dois prendre une décision rapidement parce que plus le temps passe et plus on en perd ? Voilà le genre de question que je me suis posé entre 2 h et 5 h cette nuit. Une prise de tête sans réponse, évidemment. Parce qu'on sait tous que 3 heures du mat' pour se poser ces questions existentielles, c'est vraiiiiiment l'idéal !

C'est exactement le bon moment pour prendre les plus grandes décisions de ta vie !

Puis sont arrivés les fameux « Et si… » Aaaah ! On les attendait !
Toute insomnie digne de ce nom comporte son lot de « Et si » !
Tu sais, ce truc qui n'apporte rien d'autre qu'un gros coup de flippe ?
« Et si on essayait encore et encore et que ça ne marche pas et que je décide de partir en PMA mais que c'est trop tard »,
« Et si toute cette histoire installait une distance dans mon couple ? »,
« Et si cet enfant n'arrivait jamais ? Alors que j'ai l'impression de faire tout comme il faut ! »
Ce rendez-vous m'aura servi à ça : m'avouer que je flippe. J'ai peur, j'ai tellement peur, tu ne peux même pas imaginer. Faut que j'arrive à me calmer, à respirer, à gérer cette attente, faut que je trouve un moyen parce que je ne sais pas si je tiendrai longtemps.
Et il faut se rendre à l'évidence : ça peut encore durer.

⟶ Et puis il faut que je parle à Gabriel.

FAUT
QUE JE
PARLE.

DIMANCHE 22 MAI

Il s'est passé un truc à la fois mignon et étonnant aujourd'hui.
J'ai ouvert la boutique ce matin, et à midi sur le chemin du retour, je suis passée, comme tous les jours, devant cette chouette librairie.
Parfois, je m'arrête acheter un livre pour Nino (j'aime tellement les livres pour enfants... quelque part, je le prends aussi un peu pour moi).
Donc j'entre dans le magasin et en passant devant un rayon, je vois un « officiel des prénoms ». Je le prends en pensant « Alors, alors... Quel prénom vais-je donner à mon futur bébé ? », m'attendant à tomber sur un nom épouvantable, juste pour rire.
J'ouvre une page au pif et sur quel prénom je tombe ? Mia.

MIA

Il y a 300 pages, 12 000 prénoms et je suis tombée complètement par hasard sur celui que je veux te donner, sur celui que je veux donner à une petite fille depuis que j'ai 15 ans.
Ça m'a tellement émue, tu ne peux pas t'imaginer. J'ai eu l'impression que tu me disais : « N'aie pas peur, je te rejoins bientôt », j'ai reposé le livre et j'ai souri toute la journée.
Contrairement à ton père, je ne suis pas très « signe », mais là, ça m'a scotchée. Sur 12 000 prénoms, c'était quoi les chances de tomber sur le tien ? C'est peut-être rien, c'est peut-être juste une merveilleuse coïncidence. Mais elle m'a rendue heureuse. Alors merci. ♡

JEUDI 26 MAI

C'est drôle parce qu'il y a quelques jours, j'écrivais qu'il fallait que je parle de tout ce que je ressens et aujourd'hui, une petite nana qui vit la même chose que moi s'est pointée à la boutique. Elle cherchait un bouquet pour son compagnon, on a bavardé pour que je comprenne un peu mieux ce qui lui ferait plaisir et de fil en aiguille… on en est arrivées à parler de nos projets bébé ! Elle, ce sera son premier et elle essaye depuis… six mois ! Comme moi ! Et on partage les mêmes angoisses : peur que l'attente dure encore longtemps ou que le bébé n'arrive jamais, peur que notre corps nous lâche et que toute cette histoire cause des dommages dans le couple… C'est tout con mais pouvoir échanger librement sur nos craintes respectives, ça m'a fait un bien fou ! C'est bizarre dit comme ça, non ? On dirait que ça m'a fait du bien de la voir flipper autant que moi, c'est pas sympa, non ? Bon, de toute façon, on est entre nous, donc je peux le dire : ça m'a clairement fait du bien de la voir flipper autant que moi ! Niark ! Niark !

Évidemment, comme elle est beaucoup plus jeune, j'avais tendance à minimiser ses inquiétudes mais elle me disait que dans sa famille, y a pas mal de petites merdes qui traînent sur les appareils reproducteurs des femmes et elle a peur de s'en trimbaler une sans le savoir.

Cette rencontre m'a fait réaliser à quel point je me sens seule avec mon ressenti et à quel point ça m'a fait du bien de pouvoir en parler avec quelqu'un qui me comprend. Pas avec quelqu'un qui me répond : « C'est parce que t'y penses trop ! » Je me suis rendu compte qu'on devait être nombreuses à éprouver ça, à désirer tant, à attendre et à avoir peur. Nombreuses... et pourtant si seules.

Quand j'écris ça, je culpabilise. Je culpabilise parce que j'ai déjà un bébé. Alors que cette jeune femme, non. Et que ça peut prendre des années en fonction de l'histoire de chacune. Il y a des femmes de mon âge qui ont le même désir que moi sans avoir déjà un premier enfant. Pour elles, ça doit être encore plus dur ! Du coup, je m'en veux de ressentir ça, comme si je n'étais pas légitime. Voilà, c'est ça. C'est pour ça que je n'ose pas en parler : je.ne.me.sens.pas.légitime. Le cycle infernal ! Le bordel mental !

J'ai l'impression que si j'en parle, on va me répondre :
« De quoi tu te plains ?! Tu as déjà un enfant ! »
Moi, à chaque déception mensuelle, j'ai la chance immense de pouvoir me plonger dans les yeux d'un petit garçon qui a les mêmes yeux que moi. Un petit garçon qui me dit : « Je peux avoir une tatine de socolat ? », et qui me dit aussi, en prenant mon visage dans ses deux adorables petites mains : « T'es ma maman d'amour... »

Je l'aime plus que tout.

L'amour que tu ressens pour un enfant t'explose le cœur.
Il est le plus fou, le plus beau. Et je souhaite à toutes les femmes qui espèrent vivre ça de pouvoir le vivre un jour. J'aimerais tellement pouvoir toutes les prendre dans mes bras, ces femmes qui attendent, qui flippent, qui perdent espoir et qui souffrent en silence.
J'aimerais les prendre dans mes bras, leur souhaiter que leur rêve se réalise et leur dire à quel point je les comprends, parce qu'il n'y a pas plus beau spectacle au monde que regarder mon fils grandir. Je suis tellement, tellement reconnaissante qu'il soit là.

Merci la vie.
Merci puissance mille.

VENDREDI 3 JUIN

J'ai une devinette : qu'est-ce qui est rouge et qui est revenu ? Mes règles ! Bravoooo ! Je ne sais pas pourquoi mais ce mois-ci, je n'y ai pas trop cru. J'étais peut-être pas dans les meilleures conditions mentales avec le rendez-vous chez l'affreux docteur. J'en sais rien.

Tu as remarqué ? J'essayais de trouver une explication rationnelle à ton absence ! Et je le fais tous les mois ! Tu crois que c'est en lien avec le fait que je sois une grosse control freak ? Naaaaaan, penses-tu ! Ok, je rectifie : absolument !
J'ai un besoin de tout comprendre, de chercher un sens à tout ce qui m'arrive.
Parce que si je comprends, je maîtrise et si je maîtrise, je contrôle.
J'ai toujours tout contrôlé et j'ai toujours réussi ce que j'entreprenais parce que je contrôlais tout. Enfin, ça c'est ce que j'en déduis.
À l'école, j'étais première. Dans l'immobilier, j'étais très forte alors que je détestais ça. Même le jour où j'ai quitté mon travail pour créer une entreprise, j'ai réussi ! Et pourtant, tu penses bien que partir à l'aventure, pour moi, c'était pas rien ! Une véritable épreuve ! Mais j'ai tout prévu, le moindre incident (j'avais juste pas prévu le covid), pour toujours avoir une longueur d'avance. J'ai toujours été confiante. Jusqu'à maintenant. Parce qu'avec toi, tout est différent. J'essaye de maîtriser et ça ne fonctionne pas. Gabriel me rappelle souvent qu'on gère que dalle dans la création de la vie. Et ça, évidemment, j'ai du mal à le supporter.

On est très, très loin de ce que j'écrivais au début : « Je voudrais laisser faire la magie de la vie ! Lalala ! » Pouahahaha ! Ça aura duré quelques semaines et ma nature est vite revenue au galop !

Cette attente chamboule tout mon fonctionnement. Tous mes repères. Elle est plus forte que moi, elle me demande d'être patiente et d'avoir confiance en l'inconnu. Elle me demande à nouveau de partir à l'aventure mais cette fois, sans pouvoir rien planifier. Et c'est horriblement dur pour quelqu'un comme moi. Alors je me remémore chaque mois cette phrase que la mère de Gabriel m'avait dite quand je lui avais évoqué, complètement flippée, l'envie de créer mon magasin : « Tu sais, Maxime, l'inconnu, ce n'est pas une menace, c'est une aventure. » Je devrais faire graver cette phrase à l'entrée de la boutique.

L'INCONNU,
CE N'EST PAS UNE MENACE,
C'EST UNE AVENTURE.

Alors, je m'étais lancée. Et j'ai réussi. Mais cette phrase, je n'arrive pas à l'appliquer à mon désir d'enfant. C'est assez paradoxal, d'ailleurs : j'ai du mal à admettre que je n'ai pas de contrôle sur l'arrivée d'une petite vie dans mon ventre alors que je l'accepte parfaitement de la nature. J'accepte sans sourciller qu'une plante prenne le temps dont elle a besoin pour pousser, je ne demanderai jamais à une fleur de rester en vie plus longtemps ou au printemps d'arriver plus vite. Voir renaître une vivace dans son jardin dès que reviennent les beaux jours a quelque chose de magique, d'émouvant même. Laisser faire la nature fait partie de la beauté de la vie. Je sais tout ça, je l'accepte mais je suis incapable de l'appliquer à ma propre vie.
Je n'y arrive pas.
Ou pas encore.
Pourtant, il n'y a rien de plus relié à la nature que la naissance d'un enfant. Maxime, laisse faire la nature, laisse-lui le temps dont elle a besoin !
Rha la vache, rien que d'écrire cette phrase, je me sens mal. C'est tellement loin de moi.
Est-ce pour ça que j'ai toujours été attirée par la nature ? Pour qu'elle m'apprenne à lâcher prise ?

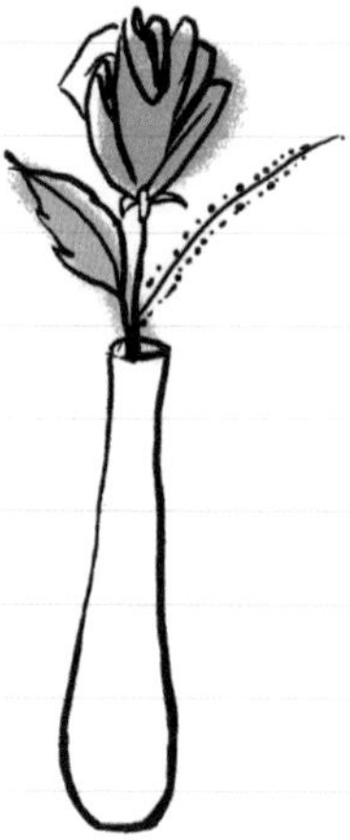

LUNDI 6 JUIN

J'ai réfléchi ce week-end, j'ai décidé de laisser faire les choses sans plus jamais rien calculer. Non, je déconne ! Tu m'as prise pour qui ? Une fille totalement sereine qui fait des salutations au soleil tous les matins ? Pas du tout ! Donc j'ai décidé d'aller voir... une naturopathe ! Je suis tombée complètement par hasard (ok, j'ai fait mille recherches) sur un article qui parlait de l'importance de l'alimentation et de l'apport en certaines vitamines et minéraux dans la fertilité. Ni une ni deux, j'ai tapé « naturopathe, fertilité, Nord » sur Google et je suis tombée sur plusieurs naturo qui seraient, à priori, spécialisées en fertilité.
Donc je vais aller en voir une et je verrai bien.
Dans quoi je m'embarque encore ? Je n'en ai même pas parlé à ton père, j'ai peur qu'il se moque de moi. Donc j'irai seule. Une fois encore.

Quelle idée de merde.

MARDI 7 JUIN

Ça y est, j'ai appelé une naturopathe qui me semble très sympathique et qui s'appelle... Myrtille ! Ça ne s'invente pas.
La fille était faite pour ça. Elle a l'air douce, mais je veux surtout qu'elle soit efficace. Maxime, calme-toi, tu ne vas pas l'embaucher, tu vas lui demander un coup de pouce ! J'ai rendez-vous avec elle la semaine prochaine. Je croise les doigts pour que ça serve à quelque chose.

SAMEDI 11 JUIN

Il est 21 h et il fait encore si beau. Ton frère joue dans le jardin avec je ne sais quel insecte. Il est passionné par les insectes, il les regarde en disant : « Ooooh tite bête ! » Et moi, je le regarde et me dis « Ooooh ti cœur ! », il est tellement mignon avec les plus petits que lui. Je suis peut-être naïve mais ça me fait dire qu'il sera tendre avec toi. Le meilleur des grands frères. Comme j'ai hâte de vous voir tous les deux ! Je fantasme beaucoup sur cette vision. J'en parlais justement hier soir à un couple d'amis de Gabriel qui sont venus manger à la maison. On a fait une raclette. Une raclette au mois de juin ? Oui, tes parents sont un peu dingues, mon amour. Comme ça, tu es prévenu. On est capables de faire un sapin de Noël en plein mois de juillet. Enfin, c'est surtout les idées de ton rêveur de père ! Je l'aime.

Bref, on discutait avec ses amis et de fil en aiguille, nous sommes arrivés au sujet du moment : toi ! Toi qui n'es pas encore là, toi qui te fais attendre, toi que je rêve de serrer dans mes bras, toi que j'ai envie de voir évoluer avec ton frère, toi qui me manques et que je désire si fort. Toi. Comme à mon habitude, je racontais tout ça avec beaucoup de détachement, histoire de ne pas trop m'investir. Histoire de ne pas devenir tristesse tout à coup. Et puis, comme pour me rassurer, ce couple a commencé à me balancer leurs conseils de parents procréateurs de deux enfants avec en tête le fameux « Lâche prise ! » AAAAAAH, LE LÂCHER-PRISE ! J'en parlais y a pas longtemps.

« Lâche prise, Maxime ! Cet enfant arrivera le jour où tu lâcheras ! Aie confiance en la vie ! En ton corps !
Tiens, ressers-moi un peu de ce délicieux cocktail aux baies de goji et au chou kale, j'irai le boire dans ma yourte au fond des bois. »
Ouais, c'est l'image que j'ai instantanément des gens qui disent ça.
Lâcher prise. Me dire ça à moi.
JE NE LÂCHE PAS PRISE, MOI, JE CONTRÔLE,

CONTRÔÔÔÔÔÔÔLE !!!

Ça m'a gonflée une grosse partie de la soirée. J'arrivais plus à en rire. Et tu sais pourquoi ? Parce que je sais qu'au fond, ils ont sûrement raison, nos amis de la raclette.

Ils vécurent heureux et eurent beaucoup d'enfants

(parce que la princesse elle a bien lâché prise)

Ça veut dire quoi « lâcher prise » ? Non parce que ça, c'est vraiment le conseil du moment ! « Lâchez prise et tout se passera bien. » Comment on fait, bordel ??? Comment font les gens ???
Est-il seulement possible de lâcher prise ? Qu'est-ce que ça peut bien vouloir dire ? Attends, je regarde vite fait sur Internet.
Non, pire, je regarde sur Instagram !

Tiens-toi bien : #LACHERPRISE (sans accent), c'est plus de 500 000 publications ! J'ose espérer qu'il y en ait au moins un ou une qui donne une définition satisfaisante !
Bon, allez, je clique sur le premier pour voir…
Voilà ce que je lis :

Le « écris LOVE en commentaire » me donne instantanément envie d'éplucher la gueule de la personne qui poste ça. Attends, c'est pas fini, un petit deuxième : « Concentre-toi sur les choses que tu veux et elles arriveront » Je me concentre dessus ou je lâche ? Parce que là, c'est pas clair, mon pote ! Et évidemment, il ajoute : « Mets un cœur en commentaire si tu es d'accord. » D'accord avec quoi ?
Ça.ne.veut.rien.dire !
Bon allez, j'en lis un dernier pour la route : « Lâcher prise, c'est accepter et renoncer à un contrôle sur les situations » ... Oups. Touché.

Lâcher prise, c'est accepter ? Accepter quoi ? Accepter que rien ne se passe comme je l'avais prévu ? Comme je le voulais ?
Accepter que je ne puisse pas planifier quoi que ce soit ?
Je comprends l'idée mais wouaaaah, rien que de l'écrire, ça m'épuise !
Si la clé pour que tu arrives, c'est renoncer à tout ce que je connais, à toutes mes habitudes, à tout ce qui me fonde et ce sur quoi je m'appuie depuis toujours, je suis pas sortie de l'auberge...

Arrêter d'y penser, c'est impossible. #conseildemerdedemamère

Par contre, faudrait peut-être que j'apprenne à vivre avec l'attente ?

Quelqu'un sait comment on fait ?!
Je suis prête à tester beaucoup de choses pour que tu arrives enfin.

MARDI 14 JUIN

Mon test d'ovulation m'indique deux traits.
Donc on met les bouchées doubles niveau câlins. En plus d'apprendre à lâcher prise, il va falloir apprendre à garder l'envie de copuler.
Ça peut vite devenir mécanique.
« Tiens, faudra penser à remettre de l'essence demain !
Et à refaire des courses, on n'a plus d'œufs. Ah oui, et puis j'ovule. »
D'autant que le mardi soir, y a relâchement parce que demain, y a pas école. Nino le sait très bien, donc il s'endort toujours plus tard et parfois… on s'endort avant lui. Vas-y, essaye de créer une ambiance sexy entrecoupée par des « Mamaaaaan, pipiiiii ! », « Papaaaaa, j'ai soiiiiiif ! » et autres « Y a un dragon dans ma chambre ! »

Alors, on déconne. Comme toujours. Mais au fond, je pense que ni l'un ni l'autre ne trouve ça vraiment marrant. Est-ce qu'il ne faudrait pas qu'on se prenne un moment rien qu'à deux ?

LUNDI 20 JUIN

J'ai profité de mon jour de fermeture pour organiser une petite visite chez Myrtille ! Myrtille, c'est la naturopathe dont je t'ai parlé. Trèèèèèèèès sympa ! On a parlé pendant deux bonnes heures, elle a d'abord fait un état des lieux de toute ma vie :

→ ma vie professionnelle et mon niveau de stress (ça dépend des périodes mais en gros, pour l'instant, c'est pas mon taf qui me stresse, c'est ton absence) ;

→ mon activité physique (la petite marche pour me rendre à la boutique, ça compte ?) ;

→ mon alimentation, matin, midi et soir (je mange pas le matin) ;

→ mon sommeil (je rêve souvent de tsunamis, très récupérateur comme sommeil) ;

→ mes éventuels problèmes de santé ou antécédents familiaux (que dalle, enfin je crois) ;

→ ma vie de couple (j'étais seule alors que tout le monde vient en couple...) ;

→ et enfin, mon cycle (régulier, pas régulier, règles abondantes ou pas et aspect de ma glaire cervicale).

Alors, les cycles, j'estime qu'ils sont à peu près réguliers, en tout cas, c'est ce que m'avait dit ma gynéco. Par contre, concernant la glaire cervicale, là, je sèche... (le mauvais jeu de mots). Myrtille m'a conseillé de pratiquer ce qu'on appelle la symptothermie. Quéquécé ? Apparemment, c'est une méthode naturelle de gestion de la fertilité, et pour moi qui désire un enfant, c'est plus que conseillé.

Ok, pourquoi pas, ça consiste en quoi ?

Alors je n'ai pas tout tout compris mais les grandes lignes, c'est :

1. Prendre sa température tous les matins, ça je n'ai pas encore bien saisi si elle est plus haute ou plus basse pendant l'ovulation.
2. Observer sa glaire cervicale. « Comment est votre glaire cervicale ? »

Très bonne, elle est servie avec des petits pois et des pommes de terre. J'avoue que je ne me suis jamais posé la question. Je fais confiance à un bout de bandelette mais je n'ai jamais pensé à observer mon corps. Tu vois, cette attente, elle peut m'apprendre des trucs finalement ! Donc pour répondre à ta question, Myrtille, si l'idée, c'est de savoir « Est-ce que pendant l'ovulation, je suis à deux doigts de glisser de la cuvette des chiottes tel un poisson frais sur le rebord d'une assiette », la réponse est oui. Donc j'en conclus que ma glaire cervicale est tout à fait honorable. C'est drôle, quand j'étais adolescente, je trouvais ça dégueu, cette glaire cervicale. Tous les mois, j'avais ce truc gluant qui tachait mes culottes et j'en avais honte. Je n'avais pas compris à quel point ce « truc gluant » est primordial puisque c'est grâce à ça que tu peux avoir un enfant ! Que cette glaire facilite le passage des spermatozoïdes et surtout qu'elle les protège d'un vagin trop acide. Parce que hors période d'ovulation, c'est tellement acide là-dedans que les spermato ne survivent pas.

⟹ En gros, pas de glaire, pas de bébé !

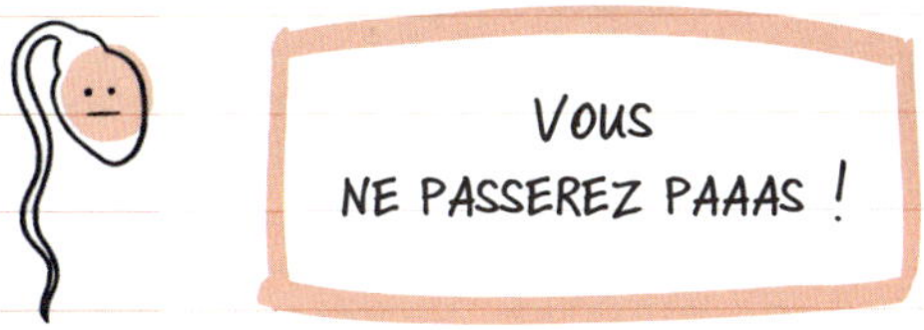

Donc on dit merci à Dame Nature qui fait si bien les choses !
Tous les mois, je suis censée observer cette glaire. Elle me dit :
« Faites ça aux toilettes si vous préférez »
Merci du conseil, Myrtille, je ne me voyais effectivement pas faire ça dans la cuisine en faisant à manger « Qui veut un œuf pas cuit en plus de sa soupe ? » Oui, parce qu'en période d'ovulation (ou pour être plus exacte, les jours précédant l'ovulation), la texture de la glaire est proche de celle du blanc d'œuf. L'idée est donc de recueillir de la glaire sur ton PQ et de noter les jours où elle est bien élastique entre deux doigts, « si vous pouvez l'étirer sur 2,5 cm, c'est bien ! », m'a précisé Myrtille.

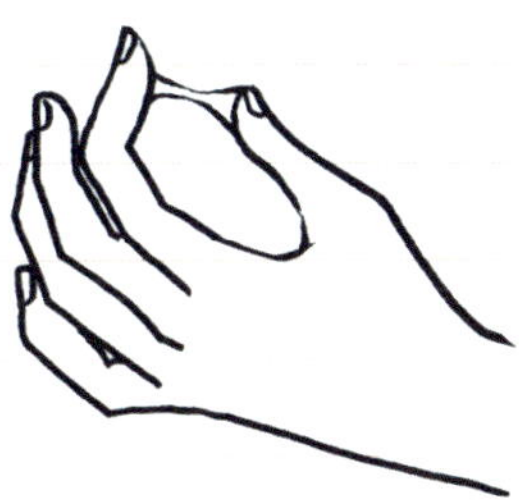

NOTE POUR PLUS TARD : Prévoir son décimètre à chaque envie de faire pipi.

Je lui ai parlé des tests d'ovulation, elle m'a expliqué que c'était pas mal mais que le test ne pourra jamais me dire si ma glaire était bien élastique ou transparente. Effectivement.

Elle m'a rappelé l'importance de faire du sport. « Du quoi ? », une activité physique, « Une quoi ? » Je ne suis pas sportive pour deux sous ! Et pourtant, en dehors de la fertilité, je sais que c'est indispensable pour la santé. J'ai toujours fait un peu de sport par-ci, par-là, mais je n'ai jamais trouvé LE truc qui me convienne. Ni les salles de sport où on doit partager le matériel et les odeurs de transpi, ni les cours de fitness où une fois sur deux tu tombes sur une prof qui te demande de penser à ton « Summer body », ni la natation où faut rentrer dans une eau à 27 °C et moi je suis capable d'y aller avec une bouillote accrochée au maillot.
Faut que je trouve autre chose. Un truc que je peux faire seule et sans horaires. Course à pied ? Pourquoi pas. À tester.

On a ensuite évoqué l'importance de l'alimentation et l'apport en oméga 3, en magnésium, zinc, sélénium, iode, vitamine D, B9, plein de trucs comme ça. Et elle préconise une alimentation variée avec des légumes à volonté (j'aurais pu aller voir ma mère, elle me dit pareil), d'éviter les sucres raffinés (tu sais, ce truc bon dans la bouche mais dégueu dans ton corps ?), l'excès d'alcool, de protéines animales, de produits laitiers et de gluten.

Ah tiens ! L'excès d'alcool, on s'en doute mais pour les autres, c'est quoi le rapport ? « Ce sont des produits pro-inflammatoires et on ne veut surtout pas développer d'inflammations. » Donc plus de croissant le week-end ? « Vaut mieux éviter. » Pâtes bolognaises ? « On privilégiera autre chose. » La raclette, « faut éviter aussi. » Outch ! PARDON ? Myrtille, tout est fini entre nous ! Autant la viande, j'en mange déjà très peu, le croissant, je veux bien en jarter un week-end sur deux, les yaourts et lait de vache, je m'en fous... par contre, le fromage, aïe aïe aïe ! Nan, parce que pour moi, la raclette, c'est la vie ! Elle me dit que dans ce cas, je peux essayer les fromages au lait de chèvre ou de brebis, moins agressifs. Une raclette au lait de brebis ? Bon, allez, pour toi, je veux bien faire un effort. En même temps, je pense que je suis prête à beaucoup de choses pour t'avoir dans mes bras un jour. Elle m'aurait dit « Faut arrêter les chocolats et les gâteaux », j'aurais dit d'accord ! (écrit-elle avec deux cookies dans la bouche)

Ah oui, elle m'a aussi dit d'éviter tous les perturbateurs endocriniens. Alors j'ai pas bien tout compris mais en gros, ça vient foutre un bordel dans ton système endocrinien, ça peut imiter tes hormones naturelles, ça peut gêner le mécanisme de production d'hormones, c'est pas bon pour le corps, quoi. Tu en trouves dans des cosmétiques, des produits ménagers, les trucs en plastique, t'en as même dans le polyester ! Une saloperie. Donc on va éliminer au fur et à mesure tout ce qu'on peut.
Mais pas la raclette. Rien à voir, mais quand même.

Ils vécurent heureux et eurent beaucoup d'enfants

(parce que la princesse, elle a supprimé tous les perturbateurs endocriniens du château et elle a bien observé sa glaire cervicale)

En partant, elle a souligné que Gabriel devrait sûrement apporter quelques ajustements aussi « parce qu'un bébé, ça se fait à deux. » Merci du rappel. Après le rendez-vous, j'ai été voir sur un site pour commander tout ce qu'elle m'a conseillé : entre le rendez-vous à 80 € et les compléments alimentaires, j'en suis à 200 €.

200 € de naturo
+ 210 € de Gargamel
410 € en un mois.

Vouloir un enfant peut coûter cher ? Ou y a que moi qui fais ça ? Ou juste celles qui font des plannings qui ne servent à rien et qui ne savent pas attendre un mois pour un rendez-vous ? Je ne suis pas à plaindre mais je ne suis pas fortunée non plus. Donc va pas falloir faire ça tous les mois, Maxime.

JEUDI 23 JUIN

Je viens de finir une comédie romantique américaine à la con, tu sais, celle où tu vois tout venir à des kilomètres mais que tu regardes quand même jusqu'au bout, voire que tu peux re-regarder tous les mois ?
C'est ce que j'appelle l'effet « film de Noël ». Toujours est-il que dans ce film, y a une fille qui couche avec son mec un soir de beuverie et devine quoi ? Elle tombe enceinte ! Boum ! Sans calculs, sans températures tous les matins, sans mesurer sa glaire cervicale !

Est-ce qu'on peut arrêter deux minutes ?!
Nan, parce que nous, on a grandi avec ça ! Avec la peur de tomber enceinte pour tout rapport non protégé. Il faut se protéger pour éviter de choper la chtouille, on est tous d'accord là-dessus. Mais il faudrait sortir de cette éducation stressante et expliquer aux filles comment fonctionne leur corps ! Ça aiderait aussi à moins culpabiliser les personnes ayant des difficultés à enfanter !
Est-ce que statistiquement, beaucoup de femmes sont tombées enceintes en un claquement de doigts ? Est-ce que c'est courant ? Pourquoi j'ai envie de savoir ? En quoi ça me rassurerait ? Est-ce que je ne me trouve pas « normale » de ne pas réussir à faire un bébé un soir de beuverie ?
Pourquoi elle, elle y arrive et pas moi ?
Toute cette prise de tête pour un film de merde.

DIMANCHE 26 JUIN

Et une nouvelle semaine qui arrive !
Et une nouvelle période de stress…
« Tiens, si je faisais une soupe ce soir… et est-ce que je suis enceinte ? »
« Je vais aller faire quelques courses… et est-ce que je suis enceinte ? »
« Faut que j'aille à la poste… est-ce que je suis enceinte ? »

La quasi-totalité de mon esprit est habitée par cette putain de question.
Et c'est loouurrrd !
Ce matin, je me demandais s'il existe d'autres mammifères qui se prennent autant la tête que nous. Est-ce qu'il y a des lionnes qui se mettent dans un coin en se disant « Est-ce que je dois limiter les protéines animales ? », des vaches qui se disent « Faut que j'apprenne à lâcher prise », des juments qui se demandent « Et si c'était moi qui me créais un blocage ? » Faire un enfant, ça devrait être simple et joyeux, alors que c'est compliqué et prise de tête. Et je sens bien que ce désir se transforme peu à peu en obsession. Enfin, me concernant.
Parce que Gabriel est bien plus paisible.
Je vais me prendre un bain. Je ferais n'importe quoi pour penser à autre chose. Ou pour ne pas penser du tout.

CE DÉSIR
SE TRANSFORME
PEU À PEU
EN OBSESSION.

LUNDI 27 JUIN

Bon, je me suis tellement pris la tête hier qu'il fallait que je me concentre sur quelque chose de positif : j'ai démarché une responsable d'agencement d'hôtels, restaurants de luxe et d'évènements, que je voulais contacter depuis longtemps. J'ai arrêté de me demander si j'étais enceinte ou pas, je me suis focalisée sur ce que j'allais lui dire. J'ai fini par l'appeler directement. Répondeur. Je lui ai laissé un message et j'espère qu'elle va me rappeler ! J'ai toujours rêvé de fleurir un hôtel de luxe. Ils ont les budgets pour faire des trucs fous, ça me mettrait en joie ! Allez, on croise les doigts. Merde, j'espère que je ne me suis pas rajouté un stress supplémentaire !

MARDI 28 JUIN

Elles sont arrivées et je ne m'attendais pas à ce qu'elles arrivent si tôt. Un peu plus tôt que d'habitude. Alors dans ma tête, ça a été très vite ! Avant même d'accuser le coup, une idée m'a traversé l'esprit :
plus tôt que d'habitude ? Tiens, tiens... C'est pas comme d'habitude ? Donc peut-être que c'est pas des règles ? Hummm... Et si on faisait un test de grossesse, pour être sûre ? Tu veux dire un test qui ne va servir à rien mais que tu fais juste parce que tu gardes un tout mini riquiqui espoir qu'il y ait un bébé ? Absolument ! Et me voilà, à 7 h du mat' avant que ton frère ne se réveille, en train de faire pipi sur un test. Un truc acheté 7 € en pharmacie, juste au cas où. Et que j'ai grillé sur un coup de tête. Parce qu'évidemment, il n'y a rien. Rien d'autre que du sang

qui s'écoule naturellement parce que mon corps sait parfaitement ce qu'il a à faire et que ces jours d'avance ne veulent rien dire. J'ai préféré griller un test que de me faire une raison. Faut que je me rende à l'évidence : tous les mois, c'est un deuil.

VENDREDI 1ER JUILLET

À la fin du mois, c'est l'anniversaire de Gabriel. Il aura 42 ans. ♡
Et évidemment que j'adorerais lui annoncer une merveilleuse nouvelle en guise de cadeau. Pas de pression, Maxime, pas de pression. Tu peux lui donner un test de grossesse ou une paire de pompes, ça ira aussi.

Bon, pour mettre toutes les chances de mon côté, j'ai décidé de tester cette histoire de thermomètre ! J'ai rappelé Myrtille, la naturo, pour savoir comment ça marche exactement.
« Alors, déjà, il vous faut un thermomètre basal », un quéquoi ?, « c'est un thermomètre ultra précis qui indique la température avec les virgules, vous trouverez ça en pharmacie », allez hop, 15 balles de plus ! « Ensuite, vous devez prendre votre température tous les jours à la même heure, avant même de vous lever le matin, ça vous va ? » Tu penses !! La température dès le matin, c'est ma nouvelle passion ! J'avais hésité avec une cérémonie thé matcha ou des affirmations positives, mais j'ai choisi la température ! Ça me booste pour le reste de la journée, tu ne peux pas savoir ! Un bonheur ! « Et vous notez ensuite sur plusieurs cycles... » Stoooop ! Faut faire ça sur plusieurs mois ?!

« Oui, pour une observation efficace, on conseille de le faire sur trois ou quatre cycles. » Ouais ben moi, j'ai un cadeau à donner à la fin du mois et comme j'ai pas d'autres idées, ça m'arrangerait d'offrir un test de grossesse positif ! Je ne suis pas sûre de tenir très longtemps, donc on va déjà le faire sur un cycle. Parce que je ne sais pas toi, Myrtille, mais moi le matin, je fantasme plus sur un bon café que sur un thermomètre dans le trou de balle, tu vois ! Et pourtant, je le veux, cet enfant !

Bon, et ensuite ?
« Vous notez tous les jours votre température, vous verrez qu'avant l'ovulation, c'est-à-dire pendant la phase folliculaire... », t'emballe pas, Myrtille, moi aussi je connais des mots difficiles, « ... la température est inférieure à 37 °C, puis elle va légèrement chuter pour remonter ensuite au-dessus de 37 °C. » J'ai repensé à ma mère qui se prenait un Doliprane dès qu'elle dépassait 37 °C parce qu'elle pensait avoir de la fièvre alors qu'elle était sûrement juste dans sa « phrase lutéale », comme dit Myrtille.
« À la fin du mois, on va faire une courbe de température. »
Donc là, carrément, ça devient le jeu pour enfants « Relie les points entre eux. »
« Et on va observer le moment où votre température a baissé pour remonter, votre ovulation se situe à ce moment », ah ben dis donc, faut pas le louper, ce matin-là ! Pour peu que tu te sois couchée bourrée et que t'oublies de prendre ta température le lendemain matin !
À moins que tu ne tombes enceinte comme dans le film américain...

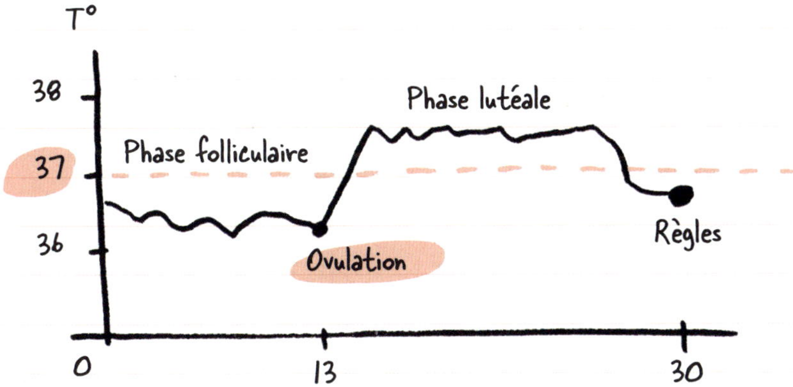

Bon, ben, c'est parti. L'après-midi même, j'ai acheté un thermomètre basal. Donc ça fait deux jours que je prends ma température le matin. Entrecoupé de Nino qui crie : « Mamaaaaaaan, je suis réveilléééééé ! »

Merveilleuse morning routine.

LUNDI 4 JUILLET

Et on applaudit tous Maxime qui s'est levée plus tôt ce matin pour aller… courir ! Youhou !!

Oui, je sais, je suis une héroïne.

Franchement, il a fallu que je fasse un truc très compliqué pour moi : que je ne réfléchisse pas.

Toute décision passe par les méandres de mon cerveau, tout est analysé, étudié, décomposé. Pour le sport, faut pas penser, faut lever son cul et y aller. Je me suis réveillée une demi-heure en avance, j'ai enfilé une tenue, des baskets, j'ai juste bu de l'eau (j'ai pas mangé, j'avais pas faim) et je suis partie. J'ai couru pendant une demi-heure, musique dans les oreilles. Eh ben, tu sais quoi ? J'ai adoré.

Franchement, je n'aurais pas parié dessus. Quand je suis rentrée, j'ai préparé le petit déjeuner, Nino se réveillait à peine.

Je me sentais comme cette mère parfaite : « Kids ! Pancakes ! »

Bon, là, il fait beau, donc c'est plus facile. Je ne garantis pas d'y arriver un jour de givre. Ou alors j'investis dans une bonne tenue. Oh là là, Maxime, tu penses comme une vraie sportive ! (j'ai couru une demi-heure, je me prends pour Usain Bolt).

→ En tout cas, c'est à refaire !

MERCREDI 6 JUILLET

Ok, truc de fou ! Natalie, la responsable agencement d'hôtels de luxe est venue directement me voir à la boutique ! Aaaah !! Évidemment, j'ai fait comme si tout était normal. Elle m'a dit qu'elle avait bien eu mon message, ne se souvenait plus de moi (merci), mais que ça lui était revenu quand elle avait regardé le compte Instagram de la boutique « Atelier-Lune » (qui arrive bientôt à 8 000 abonnés, j'en suis pas peu fière). J'aime bien appeler la boutique « mon atelier ».
C'est un magasin et un atelier de création. Et c'est justement ce qu'elle voulait voir : mes créations. Ça lui a permis de confirmer ce qu'elle pensait de moi. Et là, elle m'explique qu'elle s'occupe en ce moment de l'hôtel *Clarance* dans le Vieux-Lille. C'est un magnifique 5-étoiles.

☆☆☆☆☆

J'ai commencé à sentir mon cœur s'emballer. J'attendais sans rien montrer quand elle m'a dit avoir proposé mon profil au *Clarance* pour gérer la décoration florale. Aaaaaaahhhhh !!! Prendre en charge toute la décoration florale de l'hôtel !! Mais aaaaaaahhhhh !! Bon, je n'ai pas crié, j'ai à peine souri histoire de rester professionnelle. Se la jouer détachée. Comme quand un garçon du lycée sur lequel tu fantasmes depuis deux ans te propose de sortir avec lui et que tu réagis à peine alors qu'à l'intérieur, tu bous !
(Je ne sais pas pourquoi d'ailleurs, j'aurais pu exploser de joie, j'ai tout gardé pour moi… Ai-je pris l'habitude de cacher toutes mes émotions ?)

Je l'ai remerciée posément pour sa proposition et lui ai demandé ce qu'elle attendait exactement. Elle m'a dit que c'est plutôt l'hôtel qui me donnerait ses lignes directrices, « mais vous verrez qu'ils sont très ouverts ». Oh putain, oh putain, je peux avoir carte blanche ?
Nan, Maxime, la dame vient de te dire qu'il y aura une ligne directrice à respecter. Bon, ok, je peux avoir carte beige ?

On s'est fixé un rendez-vous avec l'hôtel lundi prochain parce que c'est eux qui ont le dernier mot mais elle leur avait déjà parlé de moi et ils avaient été séduits par le travail qu'ils ont vu sur mon compte Instagram. Rhoooo mais tu te rends compte ? Des gens que je ne connais pas m'ont envisagée pour fleurir leur hôtel ! C'est ouf, j'en reviens pas ! La vie est merveilleuse ! Vraiment, je sais que ne pas t'avoir encore dans ma vie amène une ombre au tableau mais cette nouvelle a chassé un peu les nuages !
Hâte de t'en dire plus !

VENDREDI 8 JUILLET

Je viens d'avoir ta grand-mère au téléphone. Elle m'a appelée pour avoir des nouvelles et comme je savais pertinemment qu'elle allait me saouler avec des « Alors, ce projet bébé, où est-ce qu'on en est ? », j'ai coupé court. Je lui ai parlé du rendez-vous prochain avec l'hôtel, elle était très heureuse pour moi. Dans un premier temps...

Je dois reconnaître que là-dessus, j'ai pas grand-chose à lui reprocher, elle m'a toujours soutenue. J'avais des amis dont les parents étaient frileux dès qu'ils évoquaient un projet professionnel qui s'éloignait trop de ce qu'ils connaissaient, mais pas mes parents. Enfin, ma mère. Parce que mon père est cool mais il n'est jamais au courant de rien ou oublie ce que tu lui dis. Il est extrêmement tête en l'air. Un éternel gamin. Disons qu'heureusement que ma mère était là pour gérer. Elle a sa part de reloue-énervante-que-t'as-envie-de-claquer-parfois, mais elle m'a aussi inculqué une grande confiance en moi. Et le besoin de tout contrôler aussi. Ouais, ça c'est la partie moins cool, puisqu'on voit bien que ce besoin a des limites. Bref, elle était heureuse pour moi... puis sa nature profonde a pris le dessus et elle a fait un truc que je ne supporte pas : elle s'est immiscée dans mon projet. Comme si elle voulait prendre les rênes. « Oooh tu sais ce qu'on pourrait faire ? », « Et puis, on pourrait aussi faire ça ! », « Le mieux, c'est que tu m'appelles quand tu sors du rendez-vous et on pourra voir à ce moment-là et... », attends, stop, comment ça « on » ? « On » rien du tout, maman ! Y a pas de « on », y a « je » ! Y a que moi ! Trouve-toi une activité et laisse-moi mes rêves !

Oh merde, tu sais ce que je viens de réaliser ? C'est le même genre de phrases que le docteur Gargamel m'a sorti ! « On va le faire, ce bébé », ça m'a fait bondir de la même manière ! Serait-ce ma mère que j'ai vue en lui ? Ma mère aurait-elle sur moi une forme d'emprise ?

LUNDI 11 JUILLET

Ce rendez-vous… Mais ce rendez-vous… L'hôtel est sublime, le client très ouvert à mes propositions et Natalie m'inspire confiance. Si tout se passe bien, je m'occupe donc de fleurir le *Clarance* début septembre. C'est vraiment un rêve qui se réalise. Et si ça peut me permettre de prendre un peu de distance, de « lâcher prise » par rapport à l'attente, je prends ! Allez, je vais trinquer ! Tant que je peux !

MERCREDI 13 JUILLET

Juste un passage vite fait ici pour te dire que je suis fière de moi : je reviens d'un footing, et j'ai fait un truc fou : j'ai pris un chemin que je ne connaissais pas ! Oui, ça paraît bête, mais pour moi, c'est fou. Eh ben j'ai découvert des beautés de la nature ! Comme quoi…
À vouloir tout contrôler, tu peux passer à côté de belles surprises.
Keep going !

VENDREDI 15 JUILLET

Eh ben Myrtille avait raison : ma température a légèrement chuté ! Pas de beaucoup, hein ! Mais j'imagine que tu ne passes pas de 36,8 °C à 32 °C. « Myrtille, j'ovule mais je suis en hypothermie, y a comme un problème, non ? » Elle m'avait dit légèrement et c'est légèrement. Effectivement, sans un thermomètre spécial, tu passes carrément à côté. Faut être équipé. Et je rappelle que j'ai commencé à écrire ce journal en disant que je ne deviendrais pas cette fille qui fait pipi sur des bandelettes et qui calcule. Eh bien, je suis devenue non seulement cette meuf qui fait pipi sur des bandelettes, mais aussi qui prend sa température tous les matins, qui observe sa glaire cervicale et qui aguiche le père de son futur deuxième enfant en fonction des observations notées dans un petit carnet consacré à ça. Voilà, voilà.

« Les câlins, faut que ça reste spontané », mouhahahahaha !

On l'a clairement perdue, là, la spontanéité !
Hier encore, j'ai tapé « positions pour tomber enceinte » sur Google. Et tiens-toi bien : je lis tout, je me note ça dans un coin de ma tête et tente de les appliquer pendant les rapports… tout en sachant que c'est des conneries ! Ce besoin d'enfant « réveille en moi le tourbillon d'un vent de foliiiiiiie » !

Tu sais ce que j'ai lu aussi : les positions privilégiées pour concevoir une fille ! Je déconne pas, il existe des sites qui te conseillent la position du missionnaire et (clou du spectacle) de ne pas avoir d'orgasme. Parce que les contractions liées à l'orgasme pourraient propulser les spermatozoïdes Y plus rapidement dans l'utérus, or on veut pas de Y pour une fille.
Donc à la liste des trucs-que-je-fais-pour-favoriser-la-fertilité, il faudrait rajouter « Chéri, faut coucher en étoile de mer et je ne dois prendre aucun plaisir. À toi de jouer. » Et là, je pense que tu touches le fond. C'est quoi la prochaine étape ? « Chéri, ça t'ennuie si je regarde la finale de The Voice en même temps ? Paraît que ça aide. »
Nan mais sérieux !
Programmer les rapports, ok, c'est une chose par laquelle passent sûrement beaucoup de couples. Mais se faire chier autant que devant *2001, l'Odyssée de l'espace*, no way !

Attends, ce n'est pas fini, y a des articles qui répertorient les aliments à manger selon le sexe de l'enfant désiré. Et qu'est-ce qu'ils conseillent de manger pour avoir un garçon ? De la viande rouge, bien sûr ! Parce qu'on veut un vrai bonhomme ! Et apparemment, pour avoir une fille, faut éviter les haricots blancs et les lentilles. Jusque-là, je pensais que c'est parce que ça fait péter mais non, il semblerait que ça décide aussi du sexe de ton enfant.

Tu veux qu'on aille plus loin ? Il existe des méthodes soi-disant fiables à 90 % pour choisir le sexe de ton enfant grâce à un accompagnement personnalisé de... 150 € par mois. Je ne sais pas s'il faut rire ou bondir. À titre personnel, je pense que si t'es dégoûté d'accueillir une fille parce que tu voulais absolument un garçon ou inversement, ne fais pas d'enfant. Est-ce qu'on ne ferait pas juste un truc qu'on fait depuis la nuit des temps : laisser faire le hasard ? Ouais, le hasard. La fille qui contrôle tout prône le hasard... C'est l'hôpital qui se fout de la gueule du monde, je te l'accorde.

Viens comme tu as envie d'être, mon amour. Je laisserai faire le hasard. Mais je vais te lâcher un scoop que je garde pour moi parce que j'ai peur de passer pour une folle : une petite voix me dit que tu seras une fille. Une petite voix ? Ça fait folle, effectivement ! Disons que
j'ai l'intuition que tu seras une fille. Mais si le hasard m'amène un garçon, je l'aimerai entièrement, inconditionnellement, de toutes mes tripes.
Et tu auras le plus beau des prénoms.
Francis-Ursule, je t'aime déjà.
Hein, quoi, tu n'es pas fan des prénoms composés ?

Jeudi 28 juillet
J'ai mes règles. Et j'ai envie de hurler sur mon corps. Je reviens plus tard.

LUNDI 1ER AOÛT

Hé ben dis donc. Le moins qu'on puisse dire, c'est que les jours qui viennent de passer étaient costauds en émotion ! Mes règles sont terminées et je suis encore plus épuisée qu'en début de cycle. Mais je me demande si mon état de fatigue n'est pas aussi en lien avec le fait d'avoir longtemps pris sur moi et vécu cette attente seule sans rien partager avec personne, même pas avec Gabriel. Du moins, jusqu'à présent.
J'ai été obligée d'en parler à ton père. Je n'ai pas eu le choix. Enfin, c'est presque comme si la vie ne m'avait pas laissé le choix et m'avait poussée à parler. Il m'a grillée pendant le brunch en sortant de la buanderie.
« Hein ? Brunch ? Buanderie ? » Bon, ok, petit retour en arrière :

Previously on « la vie de Maxime »
Jeudi, jour de règles. J'ai craqué.
Et j'ai craqué comme je n'avais jamais craqué.

Neuf mois, neuf essais, neuf échecs. Certains gourous instagrammables me diraient : « Mais non, Maxime ! Neuf essais, neuf leçons ! Et oublie pas de mettre un cœur ou un cul en commentaire, je m'en fous, c'est pour l'algorithme. » Ta gueule. Vraiment, c'était super dur. Je le vis comme un nouvel échec. Et je pense qu'il faut justement que je le vive, cet échec. Que je m'autorise à le vivre et que j'arrête de me cacher derrière une pseudo positivité. Que je vive la vraie histoire. J'étais enfermée dans les toilettes et en voyant le sang au fond de la cuvette, je me suis rassise et j'ai fondu en larmes.

Habituellement, j'arrive à me raisonner
mais là, ça m'a submergée, j'ai rien pu retenir.

Et puis comme un retour à la réalité, ton frère est venu toquer à la porte des toilettes pour me demander s'il y avait des dragons dans la maison. Ça m'a fait sourire… et j'ai encore plus pleuré. Nino avait besoin de moi parce qu'il avait peur qu'un truc qui n'existe pas traîne dans la baraque et j'ai été incapable de lui ouvrir la porte comme je le fais toujours. Oui, parce que c'est bien connu, être parent, c'est ne jamais être au petit coin tranquille !

Il toquait sans comprendre pourquoi cette fois-ci je n'ouvrais pas la porte. Je ne voulais pas qu'il me voie en larmes. Il m'aurait demandé « Pourquoi tu pleures ? » et j'aurais buggé sans réussir à trouver une bonne excuse. Je me voyais mal lui répondre : « À cause d'un truc qui n'existe pas, comme ton dragon. » Parce qu'il faut se rendre à l'évidence : pour l'instant,

tu n'existes pas. Et ça me fait plus que mal de le reconnaître.
J'entendais la petite voix de Nino derrière la porte et je lui répondais que j'avais bientôt fini. Plus il m'appelait, plus je pleurais et plus le « bientôt fini » s'éternisait. Je m'en voulais tellement de me laisser envahir par la tristesse alors que la vie, la vraie vie, l'amour de ma vie m'attendait de l'autre côté de la porte. Comment pouvais-je être aussi triste pour quelque chose qui n'existe pas, alors que j'avais déjà l'essentiel ? Ça me paraissait absurde. Il mérite une maman qui le serre dans les bras. Même assise sur des chiottes.

Le lendemain, la vie m'a fait un sale coup.
J'étais au magasin, je tentais de me remonter le moral à base de « C'est peut-être mieux ainsi, c'est sûrement pas le bon moment, avec la déco de l'hôtel qui arrive et blablabla. » Entre deux clients, je me concentrais sur le projet, je couchais sur papier les différentes idées que j'avais en tête pour fleurir l'hôtel. J'allais un peu mieux parce que les fleurs me font aller mieux.
Et soudain, qui entre dans ma boutique ? La petite nana avec qui j'avais discuté y a un mois sur nos désirs d'enfant. Je me dis « Ah tiens, une alliée ! » et m'imagine pouvoir lui conter l'histoire de la fille qui pleure coincée sur le trône, du petit prince et du dragon. Mais voilà qu'elle m'annonce quoi ? « Je viens d'apprendre que je suis enceinte ! »

BOUUUUMMM

Le gros coup de canon dans la gueule !

Alors je te pose la question : Pourquoi ?
Oh la vie, c'est à toi que je parle ! POURQUOI ??
J'ai mes règles, je gère ma tristesse comme je peux et toi, tu viens rajouter une bonne couche de larmes ?! La nana (je ne connais même pas son prénom) me dit avec un grand sourire : « Je sais pas pourquoi mais je me suis sentie obligée de partager avec vous la bonne nouvelle ! » Ben franchement, t'aurais pu t'en passer. Je ne sais même pas si j'ai réussi à lui rendre son sourire. Je me rappelle plus. Je me rappelle juste de la baffe que j'ai reçue. De l'injustice que j'ai ressentie. De la colère. Du bordel mental. J'étais incapable de ressentir la moindre joie pour elle. Et ça a été plus loin que ça. J'ai pensé un truc dont j'ai tellement honte. Un truc grave. Un truc que je vais quand même écrire parce qu'il faut que ça sorte : quand elle m'a annoncé toute heureuse sa grossesse, j'ai pensé : « Ouais ben qu'elle crie pas sa joie trop fort, parce que si ça se trouve, ça va pas tenir. » T'imagines ?!
J'ai tenté de chasser cette pensée mais c'était trop tard. Je me suis trouvée dégueulasse, immonde. Inhumaine. Je ne suis pas cette personne-là. Bien sûr que je ne lui souhaite pas de mal, bien sûr qu'au fond, en creusant bien, je suis contente pour elle qu'elle puisse connaître cette joie que je connais déjà. Mais je l'ai pensé, même furtivement. Comment c'est possible ? Ce désir est-il en train de me transformer en une personne aigrie ? J'ai eu peur de moi, j'ai culpabilisé pendant des heures.

Culpabilité + tristesse + colère + injustice = beaucoup trop.

J'ai fermé la boutique plus tôt.

Je suis rentrée à la maison et j'ai tout raconté à Gabriel.
« Ah ouais ??? Bravoooo ! », absolument pas, j'ai joué à la fille qui va bien, comme d'habitude. J'excelle dans ce rôle.
Le sourire de cette jeune femme m'est revenu en mémoire toute la soirée, il me rappelait que j'avais perdu le mien le jour de mes règles. Je vais le retrouver, je le sais, j'ai confiance. Mais par pitié, la vie, donne-moi juste le temps pour remonter en selle.

Mes prières ont-elles été exaucées ? Que nenni ! J'ai eu un jour de répit, et bim, le dimanche est arrivé !

Dimanche, on a fêté l'anniversaire de ton papa. ♡
C'est marrant, on m'aurait dit il y a dix ou quinze ans « On fait un brunch pour fêter un anniversaire, tu viens ? », j'aurais répondu « Avec plaisir ! Et la sieste, on la fait avant ou après la promenade digestive ? »
Pour moi, un anniversaire, ça voulait dire sortie jusqu'au petit jour et beuverie jusqu'à plus soif. Mais aujourd'hui, tout le monde a des enfants, un métier qui prend toute la semaine et du coup, le soir, ils sont crevés. Ou vieux. Du coup, ça arrangeait les amis et la famille de venir le dimanche midi. Enfin, la famille... Il y avait surtout sa mère parce que sa grande sœur habite loin et ils ne sont de toute façon pas très proches. Bref, y avait des potes de ton père et ta grand-mère, mamie Françoise, qui est un amour de femme. La sagesse même. S'il y a bien une personne qui s'y connaît en lâcher prise, c'est elle ! Faut que je lui demande des conseils.

J'ai été à la boutique le matin et les ai rejoints à la maison pour le brunch. Et quand j'ai ouvert la porte du salon, le cauchemar : des enfants et des bébés partout. Cauchemar, ce n'est pas le terme exact. Disons que c'est une vision merveilleuse en temps normal mais d'horreur en ce moment. J'avais juste oublié que les amis de ton papa ont tous des enfants.
Des petits faisaient des coloriages, d'autres jouaient aux voitures, des encore plus petits rampaient sur le sol et un nouveau-né dormait dans les bras de sa maman. Et au milieu de ces petites joies, la plus belle : mon Nino qui construisait une grue avec ses briques.
Ton papa m'a embrassée, tout content que je les rejoigne enfin.
Je devais avoir une tête dépitée puisqu'il m'a demandé « Ça va ? »
C'est pas aujourd'hui que j'allais me confier sur quoi que ce soit.
« Oui, bien sûr », avec un grand sourire. Donnez-moi un César.

Gabriel, ça ne lui fait rien, tous ces gamins. Ou alors il fait très bien semblant. Nan, soyons franc, ça lui passe au-dessus. Assise en bout de table, je regardais la toute petite vie à côté de moi qui rêvait de téter le sein de sa maman. J'avais oublié à quel point les petits bruits d'un nouveau-né ne ressemblent à aucun autre. L'innocence absolue. La beauté. J'étais émue. Françoise est venue s'asseoir à mes côtés et avec toute la douceur du monde m'a demandé : « Et toi alors, comment tu te sens en ce moment ? » La voix de cette femme a quelque chose de magique, d'immédiatement apaisant, comme si elle te donnait l'autorisation d'être toi. J'ai tourné la tête et son regard si doux m'a désarmée. J'ai eu un rictus gêné qui signifiait « pas terrible ». Pas besoin de mots, elle a compris et m'a adressé un sourire tendre. Deux secondes de plus et je

m'effondrais dans ses bras. Alors je me suis levée, j'ai passé la porte du couloir et je me suis enfermée dans la buanderie.
Me voilà en larmes, adossée à la machine à laver, entourée de produits ménagers, de pots de peinture quasiment vides et de cartons de déco de Noël, sans comprendre exactement ce qui m'arrive. Ça me dépasse.
Je pense que j'ai trop refoulé. J'ai voulu me croire plus forte. Mais non.

Tu me manques terriblement. AFFREUSEMENT.
Avant de démarrer cette seconde aventure « essai bébé », j'étais loin d'imaginer que ça pouvait être si difficile. Je m'étais naïvement dit : « On s'y met et il arrivera quand il arrivera ! » Mais aujourd'hui, il est temps de l'admettre : désirer un bébé qui tarde à arriver, c'est dur.

J'ai toujours tendance à me dire « Oooh Maxime, ça va ! Y a pire que toi ! Arrête de te plaindre ! » pour ne surtout jamais m'apitoyer sur mon sort. Je traduis : pour ne surtout jamais me confronter à ma tristesse. Dans ma famille, on contrôle tout, même les émotions. Même la tristesse. Mais ces jours-ci, j'ai compris qu'on se trompe totalement, c'est même le contraire : si je ne la laisse pas sortir, c'est elle qui va finir par me contrôler.
Je me suis donc laissé aller, je sortais des paquets de PQ stockés sur les étagères pour me moucher. Bonne idée la buanderie ! J'entendais les conneries des autres dans le salon, ça me faisait sourire alors je me suis peu à peu apaisée. Je voulais sortir et mettre les bougies sur le gâteau de ton papa sans verser de larmes sur la ganache au chocolat.

Allez, Maxime, respire ! C'est pas la fin ! Je me le suis répété plusieurs fois et quand j'ai senti que c'était le bon moment, j'ai ouvert la porte. Gabriel était là, il m'attendait. Et j'ai vu Françoise un peu plus loin, elle avait dû me voir entrer sans ressortir, et avertir ton papa. J'avais retrouvé mon calme mais voir ton père là, à m'attendre, m'a instantanément replongée dans ma tristesse : il m'a tendu les bras et j'ai fondu en larmes à nouveau.
Il m'a fallu quelques instants pour pouvoir lui parler. Françoise nous a rejoints et je leur ai tout raconté : l'attente qui me pèse lourdement, la flippe que tu n'arrives jamais, la visite chez la naturo que je lui avais cachée, les multiples insomnies, mon incapacité à lâcher prise, tout. En essayant de retenir mes larmes chaque fois que Nino venait nous interrompre parce que sa grue n'arrêtait pas de tomber.
Gabriel a d'abord eu cette réaction de merde : « Oh là là, Maxime, tu te prends la tête pour rien, là ! » Really ? Le jugement donc. Et à vrai dire, il y a quelques mois, j'aurais pu dire la même chose. Penser que cette attente n'est pas une raison suffisante pour justifier ma tristesse. Et pourtant, elle est bien là. Donc mon Gab, je te demande un tout petit peu d'empathie. Même sa mère l'a regardé de travers. Je lui ai confié mon envie d'avoir un second avis médical. Gabriel m'a demandé si j'étais sûre de ne pas vouloir « laisser faire la vie ». Ça m'a fait marrer parce que lui en est encore là. Mais je suis tellement passée à autre chose. En fait, tout ce que je voulais, c'était qu'il me réponde : « Ok, je viendrai avec toi. » Et c'est ce qu'il a fait… après un regard sombre de sa mère qui en disait long.

C'est tout ce que je veux. Être avec lui. Partager ça ensemble. ♡
Qu'il ne comprenne pas forcément mon désarroi, c'est une chose. Mais qu'il me laisse seule avec en serait une autre. À partir de maintenant, j'ai besoin d'une épaule, d'une oreille, d'un échange. J'ai besoin de lui. Et de parler. On s'est serrés fort dans les bras, il m'a dit que je pouvais lui ouvrir mon cœur dès que j'en ressens le besoin et on a été réparer la grue de ton frère avant de souffler les bougies.

Je viens de relire ce que j'ai écrit : « Je me demande si mon état de fatigue n'est pas aussi en lien avec le fait d'avoir longtemps pris sur moi et vécu cette attente seule. » Naaaan, tu crois ? Quelle naïve je fais parfois !
J'ai presque envie de dire merci à la petite nana de la boutique et aux enfants dans mon salon. Parce qu'ils m'ont fait sortir tout ce qui était enfoui et que je (me) cachais. Sans eux, j'aurais continué à ne rien dire à Gabriel. J'aurais continué à porter le costume de celle qui va bien.
Il ne pensait pas que ça me peinait à ce point. Et tu sais quoi ?
Moi non plus. Il a fallu ce passage pour que je réalise enfin.

MERCREDI 3 AOÛT

J'ai rappelé ma gynéco. Oui, oui, celle qui n'a pas le même espace-temps que moi. Celle que je voulais bien aller voir uniquement quand ça m'arrange MOI, mais qui n'est pas à la disposition de mes coups de flippe.
Bon, j'ai mis mon ego de côté et je l'ai rappelée. Elle a été d'un grand soutien pendant ma première grossesse, je lui fais confiance.
À dire vrai, je ne sais même pas ce qui m'avait pris d'annuler le rendez-vous qu'on s'était fixé en juin. Enfin, si, je sais : j'ai écouté mes angoisses. J'ai même été guidée par elles ! Franchement, à bien y réfléchir, ce rendez-vous m'a donné une bonne leçon.
Note pour plus tard (et pour la vie entière) :

MAXIME, NE PRENDS PLUS DE DÉCISION GUIDÉE PAR TES PEURS.

Je suis à deux doigts d'appeler un tatoueur pour qu'il me le grave sur l'avant-bras !

J'ai rendez-vous avec elle à la fin du mois. J'aurais voulu y aller plus tôt mais Gabriel emmène Nino chez mamie Françoise pendant les vacances et je veux qu'il soit là. Pas ton frère, hein ! Ton papa. Il va venir avec moi, cette fois-ci. Et dans ma tête, ça change tout. Ne plus être seule.

En reparlant, avec Gabriel, du fait que je ne lui avais rien exprimé de mon véritable ressenti durant des mois, on s'est rendu compte que, de manière générale, c'est un sujet très peu abordé socialement.

À titre personnel, assumer ma tristesse et lui en parler a été une véritable épreuve, donc ne pas me confier était assez cohérent avec mon caractère. Mais en y réfléchissant, à part la petite nana du magasin (qui maintenant est enceinte), je ne connais personne qui se soit exprimé sur ce sujet. Et Gabriel remarquait qu'autour de lui, aucun de ses amis ou collègues n'a jamais parlé de ça. J'ai lu qu'un couple sur huit galérait, donc certaines de nos connaissances sont peut-être passées par là. Pourtant, c'est un sujet qui arrive rarement sur la table.

Je me suis un peu confiée il y a quelque temps à ma copine Amélie parce qu'elle me demandait des nouvelles, mais elle aussi a fini par me sortir une connerie qui ne m'aide en rien : « Tu sais, peut-être que ce bébé arrivera après ton gros projet au *Clarance* ? Peut-être que pour l'instant, tu ne laisses pas suffisamment la place à un deuxième de rentrer dans ta vie ? »
Alors déjà, je n'envisage pas de m'arrêter après la déco du *Clarance*, donc j'aurai TOUJOURS « un gros projet ». Je ne peux pas m'arrêter de vivre ou ralentir dans l'espoir de tomber enceinte. Au contraire, j'ai tendance à penser que plus je serai concentrée sur mon projet professionnel, moins je me focaliserai sur mon projet bébé. Sans parler du fait que j'aime mon métier et que des contrats comme celui avec le *Clarance* me rendent heureuse. Donc j'ai pas l'intention d'arrêter après celui-là.

Tu vois, c'est dingue parce que rien qu'en écrivant cette dernière phrase, la culpabilité refait surface : je n'ai pas l'intention de m'arrêter parce que l'attente me rend triste là où mon métier me rend heureuse. Et pourtant, j'ai pensé : « Et si elle avait raison ? Et s'il suffisait que j'arrête ? » Cette absence de toi serait donc uniquement de ma faute ?
Après « c'est parce que tu y penses trop »,
je te présente :

« C'EST PARCE QUE TU BOSSES TROP » !

Allez hop !

Finalement, me dire « c'est à cause de ton travail », c'était cruel. Je pense qu'on ne peut décemment pas demander aux femmes en désir d'enfant de mettre leur vie professionnelle entre parenthèses le temps de tomber enceintes. Donc je confirme : elle m'a dit une connerie qui ne m'aide en rien et m'enfonce encore plus.

Et concernant la place à un deuxième que je ne laisserais pas assez, si elle savait. Si elle savait que je te parle tous les jours. Si elle savait que je t'aime sans même t'avoir rencontré, que tu as déjà ta place. Laisser plus de place pour un deuxième, ça veut dire quoi ? Que je prépare ta chambre ? Que j'achète des couches ?

Je sais bien qu'elle n'avait pas l'intention d'être maladroite mais quand on sait pas quoi dire, franchement, est-ce qu'on ferait pas mieux de se taire ? Je veux dire, elle n'a jamais vécu ce que je vis et ne le vivra jamais, elle a eu ses enfants avec la plus grande facilité du monde. Et même en étant maman, je ne suis pas sûre qu'elle soit capable de comprendre mon chagrin mensuel. Moi-même, je ne savais pas que l'attente pouvait faire souffrir. Les rares, très rares fois où je parle de tout ça, j'aimerais tellement que les gens soient juste dans l'écoute. Rien de plus.

Bref, pour en revenir à la discussion qu'on a eue avec ton papa, j'ai une petite théorie sur pourquoi l'attente de la grossesse est si rarement évoquée.

Bon, déjà, les sujets féminins sont en général assez tabous. T'as tes règles, c'est tabou, t'as fait une fausse couche, c'est tabou, t'as des difficultés pour avoir un enfant, c'est tabou. Ensuite, je pense que ça doit être l'héritage d'un inconscient collectif datant de la nuit des temps : une femme, ça doit donner la vie, et celle qui galère ou qui n'y arrive pas n'est absolument pas représentée. Que ce soit dans les tableaux, dans les livres ou encore au cinéma, cette femme-là n'existe pas. Elle est invisible. Comme si conception et grossesse devaient obligatoirement rimer avec joie et émerveillement et jamais avec difficultés, tristesse ou colère. Comme si les soucis pour concevoir allaient remettre ta maternité et ta féminité en question.

Et combien d'hommes remettent en question leur fertilité ? Il n'y a pas si longtemps encore, les gynécologues ne prescrivaient pas tout de suite de spermogramme. Les différents examens étaient d'abord demandés à la future maman et ensuite seulement, si tout paraissait normal de son côté, on envisageait que le souci pouvait éventuellement venir du père.
Ça, par exemple, je pense que ça traîne encore pas mal dans la tête des femmes, même inconsciemment. Y compris dans la mienne. C'est sans doute pour ça que je n'ai moi-même pas pensé à convier Gabriel à mon premier rendez-vous médical.
D'ailleurs, en parlant des hommes, j'imagine que certains ne vivent pas cette attente aussi sereinement que Gabriel et que ça leur pèse autant qu'à moi. Mais eux parlent encore moins ! Résultat, tout le monde se tait.
On doit être des milliers éparpillés en France et dans le monde à ne pas savoir quoi faire de toutes ces émotions liées à ce désir d'enfant, à ne pas savoir à qui en parler librement. Et même à ne pas s'autoriser à s'exprimer ! Faudrait que je crée un compte Instagram pour que les gens se livrent. Je pourrais mettre des posts avec écrit :

DIMANCHE 7 AOÛT

Il n'était pas prévu que je ferme la boutique cet été. Avec le contrat qui arrive en septembre et qui va sûrement m'obliger à fermer quelques heures supplémentaires par semaine, je ne voulais pas fermer.
Comme pour rattraper ce que je risque de perdre et ce que j'ai perdu avec les confinements. Des milliers de fleuristes ont fermé boutique à cause de la crise et je mesure la chance que j'ai de pouvoir continuer.
Donc je ne voulais pas m'arrêter.

Gabriel est parti avec Nino vendredi pendant quinze jours dans le Sud. Ta mamie Françoise a une magnifique maison de vacances en Provence, entre L'Isle-sur-la-Sorgue et Gordes. Et comme elle aime plus que tout voir son petit-fils rire aux éclats dans son grand jardin, elle y a fait construire une structure toboggan/bac à sable/cabane/balançoire.
C'est si beau, même moi j'ai envie d'y habiter. Un rêve pour les enfants. Un bonheur pour Nino. Et pour toi, tu verras.

Bref, je ne me faisais pas trop de souci pour ton frère et ses vacances. Ils sont partis vendredi et le soir même, on s'est fait un FaceTime.
La petite bouille de ton frère me manque terriblement. Celle de ton père aussi, hein ! Mais Nino et ses adorables défauts de langage me donnaient envie de sauter immédiatement dans un train.
Ils partent quinze jours. Dans quinze jours, il ne dira peut-être plus « J'ai mis mon pantapon », « Oh un champichon ! », « J'aime bien la glace au camarel », ou encore « Je veux un bicuit. »

Quinze jours sans ça, quinze jours sans mon fils : quand j'ai raccroché, j'ai pleuré.
Le lendemain matin, le moral était remonté, je me rabâchais :
« Allez Maxime, ça va passer vite quinze jours, t'inquiète pas ! »
et j'ai ouvert la boutique. Force est de constater qu'en août, les gens préfèrent le sable aux fleurs : j'ai eu deux clients. Deux petits clients qui ont pris deux petits bouquets. J'ai repensé à ce que je m'étais dit le matin : quinze jours, ça passe vite. Le temps passe vite. Et je veux le passer aux côtés de mon homme et de mon fils. Allez hop, c'est décidé, je ferme la boutique, je pose (attention, mot difficile à dire pour moi) des congés et je saute dans un train pour les rejoindre ! Youhou !!!!

J'ai pris mon billet : lundi 15, 9 h 03 en gare de Lille-Europe, arrivée en gare d'Avignon prévue à 14 h 25, avant de descendre, assurez-vous de n'avoir rien oublié à votre place. La SNCF s'excuse pour le retard de 48 heures. Merci de votre compréhension. Non, on va espérer qu'à 14 h 30, je serre mon homme et mon fils dans mes bras et qu'on embarque en famille dans la voiture qui nous emmènera vers le paradis provençal de ta grand-mère.

PS : lundi 15, je serai en pleine période d'ovulation. Ça veut dire qu'il faudra mettre les bouchées doubles quand on se verra avec ton père parce que j'ai peur de passer le pic d'ovulation sans lui. En plus, on a tous déjà entendu le conseil « Pars en vacances ! J'ai trois copines qui sont tombées enceintes en vacances ! », donc raison de plus ! Allez, Maxime, respire.

LUNDI 15 AOÛT

Ça y est, je suis dans le train !! ♡

Je suis plus qu'heureuse de retrouver mon petit bout d'amour.

Et mon grand bout. Ça marche moins bien avec ton père, cette expression.

En parlant de père, ce que je craignais est arrivé : mon thermomètre a montré une baisse de température dimanche matin. Ce qui veut dire que mon ovulation a , normalement, eu lieu hier. Et qu'on se voit ce soir. J'arrive jamais à savoir si c'est trop tard pour cette fois-ci ou si le miracle peut encore arriver. Maxime, tais-toi, t'es en vacances, est-ce qu'on peut arrêter les prises de tête, merci !

JEUDI 18 AOÛT

C'est fou comme un environnement extraordinaire, des couleurs magnifiques, le soleil, les soirs doux d'été, la piscine naturelle, le tout entouré des gens que tu aimes, ça fait du bien ! En même temps, tu vas me dire, c'est un peu le principe, non ?

On s'est fait une soirée câlins avec Gabriel le lundi soir sans que je lui dise que l'ovulation était passée et que donc j'ai peu d'espoir pour ce mois-ci. Je sais, je m'étais promis de lui « ouvrir mon cœur » comme il m'a dit. Mais je voulais pas lui parler de ça alors qu'on ne s'était pas vus depuis une semaine.

Le lendemain matin, je me suis confiée à Françoise sur ce fameux peu d'espoir de ce mois et elle m'a proposé un truc très pertinent, comme d'habitude : « Et si tu y voyais l'occasion de faire une pause ? ».

C'était pas con, aller jusqu'au bout de cette absence d'espoir et la transformer en « Bon ben, quitte à pas y croire, autant laisser tomber et lâcher prise ce mois-ci, et puis on reprendra tranquillou bilou en septembre ! » Quelle bonne idée, Françoise, merci ! Je m'en vais de ce pas proposer cette idée à une fille dans le même cas que moi mais beaucoup plus sensée ! La, la, la !

Moi, au lieu de me laisser tranquille, j'ai voulu tester la méditation « spéciale fertilité » !

Si, si, ça existe. J'ai tapé « méditation fertilité », et Internet a fait le reste. Françoise me l'avait déjà conseillée, notamment pour mieux appréhender cette fucking période de doute avant les règles. Sauf que là, j'ai passé mon temps à penser à toi. Une obsession.

Quand j'ai raconté cet épisode à Françoise, elle a ri et a proposé de me guider. « Quoi, maintenant, tout de suite ? Faut pas faire un rituel de purification sous un cerisier sacré ? » J'y connais rien !
On s'est assises sur un coussin dans le jardin. Faut avouer que le cadre est tout de même idyllique ! Dans le métro, lundi matin, 8 h du mat', entre Jean-Michel Pu des Aisselles et Mireille Encore Bourrée de la Veille, ça ne doit pas être le même tableau. Mais Françoise m'assure que c'est pourtant le même principe.
Elle m'a demandé de prêter attention à tout ce qui m'entoure et de tout accueillir sans jugement. Ça m'a fait penser à ma réflexion de l'autre jour à propos de mon fils et du lâcher-prise inné que les enfants ont. Ils accueillent les choses, sans les juger, sans y émettre un avis personnel. Donc le bruit horripilant du tracteur tondeuse chez le voisin, je l'accueille sans le juger. Je reprends : le bruit du tracteur tondeuse, point. Horripilant, c'est un jugement. Pardon, je débute.
Bon, par contre, je suis tout bonnement incapable de ne penser à rien. JE.PENSE.TOUT.LE.TEMPS. Sur ce point, Françoise m'a tout de suite éclairée : la méditation, ce n'est pas penser à rien, c'est accueillir ses pensées, sans les juger (comme pour le son de la tondeuse du voisin que j'envisage d'enterrer sous son tas d'herbe fraîchement tondue), c'est conscientiser ces pensées qui arrivent (« Ah tiens, je pense à enterrer le voisin sous son tas d'herbe. ») et les laisser passer tels des nuages dans un ciel bleu (« Ok, je l'enterrerai plus tard. »).

Et moi, à l'inverse, j'ai tendance à me laisser embarquer par mes pensées composées de peur et de scénario catastrophe. Au bout de dix minutes, elle m'a fait rouvrir les yeux et m'a demandé comment je me sentais. J'étais à la fois bien, à la fois frustrée de ne pas avoir réussi. Françoise a merveilleusement conclu la leçon par un truc qui m'est complètement étranger : « Il n'y a rien à réussir. »

RIEN À RÉUSSIR ????

Ouh là ! On se heurte à un truc dur dans mon cerveau ! Non, parce que moi, on m'a appris à être performante ! Que ce soit dans ma famille ou à l'école ! Et je rappelle que « tout réussir », c'est mon nom de famille ! Eh ben non, là justement, c'est l'inverse : il n'est pas question de rentabilité, de performance ou d'efficacité. Il n'y a pas d'objectif à atteindre. Il n'y a rien d'autre à faire que d'être là, d'entendre, de sentir, de respirer. C'est donc ça, ce qu'on appelle « être dans l'instant présent » ? Pour Françoise, il n'y a pas de meilleur moyen de vivre sa vie, même (surtout) quand on traverse des périodes désagréables. Mais pour moi qui anticipe tout, c'est une autre histoire. Et c'est pour cette raison que ça peut me faire le plus grand bien.

VENDREDI 19 AOÛT

Je veux bien faire toute la méditation que je peux, mais si ta grand-mère, ton autre grand-mère (mamie reloue. Pardon, mamie Sylvie), m'appelle en vacances, je redeviens colère. Pourquoi j'ai décroché ? Parce qu'elle aurait rappelé jusqu'à ce que je réponde.
« Comment va le petit ? Comment va Gab ? Et ce petit deuxième, alors, on en est où ? » Rhaaaaaa, ça y est ! Maman, cette question me rend dingue à un point ! T'as les codes de mon cerveau ou quoi ?

COMMENT PEUT-ELLE ME CONSEILLER D'ARRÊTER D'Y PENSER ALORS QUE C'EST ELLE QUI M'Y FAIT PENSER !

« Tu suis bien ce que la naturopathe t'a conseillé ? » Elle était passée au magasin après mon rendez-vous avec Myrtille et je lui avais expliqué ses conseils. Comme pour me justifier de faire tout ce que je peux pour « ce petit deuxième ».
« Tu te rappelles ce qu'elle t'a dit ? On évite le gluten, la viande rouge… », je l'ai coupée direct mais elle a poursuivi : « Je te le dis parce qu'en vacances, on a vite fait de relâcher les nouvelles habitudes et ce serait dommage ! », et elle a fini par ajouter le truc absurde : « Mais enfin, bon, n'y pense pas trop non plus, hein… » Arrête d'y penser mais ne mange pas de gluten, arrête d'y penser mais prends bien

ta température tous les matins, arrête d'y penser mais observe ta glaire cervicale. Le conseil le plus irrationnel du monde.

J'ai toujours tout réussi… Tout sauf ce deuxième enfant. Et ça, visiblement, elle ne le supporte pas. À moins que ce ne soit moi qui ne supporte pas l'image qu'elle me renvoie ? Celle qui n'y arrive pas, celle qui échoue…
Au début de ce carnet, j'avais écrit que ma mère m'a toujours encouragée. Mais en y réfléchissant, ce qu'elle fait ne s'appelle pas « encourager », ça s'appelle « mettre la pression ».

MARDI 23 AOÛT

Je suis au magasin. On a quitté la Provence samedi et, sur la route, j'ai beaucoup pensé à Françoise. Par exemple, j'ai « accueilli » l'embouteillage qui nous a freinés autour de Lyon. « Accueillir ce ralentissement sans jugement. » Pas évident pour quelqu'un comme moi. Contrairement à Gabriel, j'ai pas grandi avec une Françoise, mais avec une mère qui profiterait de l'embouteillage pour râler et cracher son venin sur d'autres sujets. Accueillir les évènements contre lesquels tu ne peux rien : une leçon.

VENDREDI 26 AOÛT

Ça y est, je sors du rendez-vous avec ma gynéco ! Cette fois-ci, je n'étais pas toute seule, ton père était avec moi... et il n'a pas dit un mot ! Si, pardon, deux ou trois. Et un soufflement par le nez en guise de rire. C'est tout. Pas de question, pas de réflexion personnelle, que dalle. J'apprécie qu'il soit là, mais son silence d'une demi-heure m'a tellement saoulée. Il aurait pu ne pas venir, c'était pareil.

Je résumais la situation à la gynéco : essai bébé depuis presque dix mois, couple fertile puisque déjà un enfant, réserve ovarienne correcte vu les résultats sanguins, pas de complication particulière, blablabla, j'en ai marre d'attendre, blablabla, suis inquiète, blablabla, j'espère que vous avez une baguette magique parce que je vais pas tenir encore des mois. Elle m'a écoutée et s'est tournée vers Gabriel pour savoir comment il vivait cette attente. Il a répondu : « Moi, ça va. » Voilà, trois mots. Je ne peux pas m'empêcher de penser qu'il ment. Ou alors il me protège en disant ça pour ne pas en rajouter une couche. Mais du coup, on dirait qu'il s'en fout, de cette attente.

Je pense que ce qui m'énerve, c'est qu'il ne vive pas cette attente comme moi et me renvoie au fait que je suis incapable de répondre « Moi, ça va », alors que j'aimerais tant. Est-ce que j'envie sa sérénité ? Ne devrais-je pas simplement prendre exemple sur lui ? En même temps, pour un mec, c'est plus facile, il n'a pas de compte à rebours sur ses testicules ! Moi, j'ai 40 ans en janvier. PUTAIN, 40.

Bref, après mon résumé, la gynéco m'a fait une ordonnance pour passer, je cite, « une hystérosalpingographie ». Mot compte triple.
C'est la première fois que j'entendais parler de ça ! Quéquécé ?
« En gros, c'est une radiographie des trompes et de l'utérus, vous êtes en position gynécologique, on vous injecte un produit de contraste *via* une sonde afin de vérifier notamment la perméabilité des trompes, les éventuelles adhérences, ce genre de choses... Je préfère vous prévenir, ce n'est pas un examen très agréable, il peut s'accompagner de douleurs pelviennes qui s'apparentent à celles des règles. Le liquide de contraste va ensuite s'écouler durant la journée et des douleurs peuvent encore être présentes quelques heures après l'examen. Dans la majorité des cas, tout se passe bien. » Bon, ben je sais pas si je dois être rassurée ou pas. Disons qu'un discours qui commence par « Je préfère vous prévenir, ce n'est pas un examen très agréable » rassure rarement !
Elle m'a indiqué le nom d'un laboratoire que lui ont vivement conseillé ses patientes : « Certaines avaient été traumatisées par cet examen dans d'autres laboratoires et on effaçait ce mauvais souvenir dans ce labo, c'est vous dire ! » Ok, je reprends : C'EST PAS DU TOUT RASSURANT.

« Et vous, monsieur, je vous fais une ordonnance pour un spermogramme. »
Pardon ? J'ai dû mal comprendre ! C'EST TOUT ?? Je dois passer un examen qui aurait déjà traumatisé des gens, où on me demande de rester les pattes écartées dans la position la plus pénible du monde, une sonde dans l'utérus qui m'injecte un liquide froid et le reste de la journée à avoir l'impression que je me pisse dessus parce que le liquide se barre...

et lui, il a juste à aller s'astiquer devant un porno ??!!
Mais on se fout du monde ? C'est quoi cette injustice de folie !
Par solidarité, Gabriel, je te demande au minimum de t'insérer un truc !

On peut imaginer l'inverse deux secondes ? « Monsieur, écartez vos gambettes, on va vous placer un cathéter dans l'urètre et on va y injecter un petit gin tonic juste pour voir si ça circule bien. Et vous, madame, voici le dernier sex toy à la pointe de la technologie, entrez dans cette salle, amusez-vous, on vous a mis Brad Pitt dans *Thelma et Louise* à la télé ! » Nan mais sérieux !!??

J'étais un tout petit peu (beaucoup) agacée par cette immonde inégalité quand elle m'a demandé si on envisageait un parcours PMA. Elle a précisé qu'au vu de nos profils, il y a toutes les chances que ça marche.
Libre à nous ensuite de décider. Gabriel a vite pris sa décision : il a pouffé au mot PMA. Ça voulait clairement dire « Je vous le dis tout de go : jamais de la vie ! » Je sais pas si c'est un système de défense ou une attitude condescendante, mais j'avais envie de lui dire : « Quoi, tu te crois au-dessus de tout ça ? » Il avait l'air de ne rien prendre au sérieux et j'avais beaucoup de mal à le supporter.

Me concernant, évidemment, ça me travaille. Surtout quand elle me dit qu'il y a de grandes chances pour que ça marche. Mais pour l'instant, j'ai énormément de mal à imaginer la médecine intervenir dans ma grossesse. Tu vas me dire « Euh... Maxime, tu es chez un gynécologue, là, c'est un médecin ! », oui, évidemment. Mais là, ça va beaucoup plus loin.

Ça s'appelle Procréation Médicalement Assistée, donc ça veut bien dire ce que ça veut dire. J'ai l'impression qu'on va me retirer mon pouvoir, l'impression que je vais devenir spectatrice alors que je veux rester actrice. C'est peut-être des idées que je me fais, faudrait que je parle avec des couples en parcours PMA. Toujours est-il qu'elle a ajouté :
« Vous avez encore le temps de vous décider, n'y allez pas pour les mauvaises raisons », et elle a vu juste : si j'accepte un parcours PMA maintenant sans être prête, j'irai uniquement guidée par mes peurs.
Or, on a dit quoi y a pas longtemps ?

Maxime, ne prends plus jamais de décision guidée par tes peurs.

Ce serait quand même con que je ne retienne rien de mes propres leçons !

Et puis, il y a autre chose : comme pour la tristesse, je ne me sens pas légitime. J'ai entendu des histoires de couples qui se trimballent de vrais problèmes physiques et qui, pour réaliser leur rêve d'avoir un enfant, n'ont pas vraiment d'autre choix.
Bref, pour l'instant, je ne me sens pas prête. Et pourtant, je flippe que tu n'arrives jamais ! Si je flippe autant, je devrais mettre toutes les chances de mon côté et partir en PMA, non ? Ça n'a pas de logique mais je sais que je fais un truc que je n'ai pas trop l'habitude de faire : j'écoute mon instinct.

La gynéco a entendu mon ressenti et m'a invitée à revenir vers elle si je changeais d'avis. Elle nous a tout de même encouragé à passer nos examens : « C'est toujours bon à savoir. » Elle a été à l'écoute et bienveillante.

Quand on est sortis du rendez-vous, Gabriel m'a tout de suite dit : « Donc on est d'accord que la PMA, c'est hors de question ? »
Ah bon ? Et si moi, un jour, je me décide, je serai à nouveau seule ?
Je lui ai juste répondu « Pour l'instant, il n'en est pas question », mais franchement, son comportement m'a minée. Il y a un mois, il me prenait dans les bras en me disant que je pouvais lui parler quand je le désirais et là, son attitude me bloque toute envie de me confier.
Parfois, j'en viens à me demander s'il te désire vraiment...

LUNDI 29 AOÛT

J'ai médité tous les jours mais ça m'a pas empêchée d'avoir une petite déception en ayant mes règles aujourd'hui. Ok, rien à voir avec les larmes de crocodile du mois de juillet ! Je les attendais.
Du coup, j'ai appelé le fameux laboratoire : « Oui, bonjour ! Je voudrais prendre un rendez-vous pour un massage aux pierres chaudes ! Non, je déconne, c'est pour une hystérosalpingographie. »
L'examen est à faire en début de cycle, entre le sixième et le douzième jour environ. J'ai rendez-vous mardi, et la veille pour la prise de sang. Il faut éliminer tout doute sur une éventuelle grossesse.
Et évidemment, tu me connais, j'ai un tout petit peu fantasmé qu'on m'annonce une bonne nouvelle ! Tu la vois cette anecdote que tout le monde a : « Je connais un couple qui allait faire un examen et juste avant, ils ont appris la grossesse ! » Et tu te demandes pourquoi ça n'arrive qu'aux autres, ce genre de truc magique.

LUNDI 5 SEPTEMBRE

Mon Nino, mon tout-petit, a fait sa rentrée en première année de maternelle. Et je sais pas si c'est plus dur pour lui ou pour moi. Réponse : pour moi, visiblement, parce que lui, à peine devant la classe, il est rentré jouer. La chance qu'on a, c'est qu'il a beaucoup de copains de crèche dans cette école, donc il n'était pas perdu. Mais le soir, il m'a dit : « C'était trop bien, l'école ! Demain, on retourne à la crèche ? »

Je me suis retenue de pleurer. Non, mon amour, on n'ira plus jamais à la crèche. Le temps passe et lui, il grandit. D'ici quelque temps, il dira parfaitement « J'ai mis mon pantalon », « Oh, un champignon ! », « J'aime bien la glace au caramel », ou encore « Je veux un biscuit. » Ses défauts de prononciation vont peu à peu s'effacer comme pour me rappeler qu'il n'est plus un bébé. Même si pour moi, il le sera toujours. Bon, je ne lui ai rien dit de tout ça, sinon c'est lui qui aurait dû essuyer mes larmes !

Je me souhaite de tout cœur de revivre ça. À ce propos, la prise de sang ne montre aucune trace de grossesse. Pas de magie pour ce mois-ci. J'avais un mini, tout mini espoir… mais non.

MARDI 6 SEPTEMBRE

Bon, eh ben, on n'est jamais arrivés au rendez-vous. Je devais aller passer mon hystérographie ce matin. Comme cet examen m'angoissait, j'ai médité hier soir et ce matin avant d'y aller. Gabriel est venu avec moi.
Sur la route, on a enchaîné les ralentissements, accidents, dérivations, trucs incompréhensibles. Je te jure, on aurait dit que quelqu'un me faisait une blague ! J'étais incapable de « les accueillir », comme dit Françoise.

À un moment, le GPS a indiqué 40 minutes de retard. J'ai dû annuler mon rendez-vous et en reprendre un. Le labo n'avait pas de disponibilités avant début novembre. Deux cycles. Devoir attendre deux cycles

alors qu'on aurait pu avoir des réponses, on aurait pu avancer.
Cette prise de sang pour rien. Cette prise de tête pour rien. Gabriel m'a dit : « Peut-être que tu ne devais pas y aller ? »
Je suis d'une nature relativement positive mais pas autant que Gab.
Rien ne s'est passé comme je le voulais. Ça m'a rendue folle.

MERCREDI 7 SEPTEMBRE

Aujourd'hui, on est allés dans une aire de jeux avec ton frère.
C'était quasiment vide, on avait les balançoires et toboggans pour nous tout seuls. Et tant mieux parce que c'est bien connu, les enfants des autres, c'est chiant. NIARK NIARK.
À un moment, une dame avec sa fille est arrivée. La petite devait avoir un an et demi. Si mignonne. Elle regardait beaucoup Nino, elle riait toute seule en le regardant essayer de remonter le toboggan à l'envers (d'ailleurs, c'est dans l'ADN de tous les enfants de vouloir absolument remonter le toboggan à l'envers ?).
La fillette voulait tout faire comme Nino et lui était très précautionneux, il disait « Attention, petite fille, c'est trop haut ! » ou alors « J'attends la petite fille, comme ça je lui tiendrai la main pour pas qu'elle tombe. » Bon, j'étais déjà à deux doigts d'aller m'acheter une boîte de mouchoirs tellement c'était mignon. Quel amour de petit garçon ! Et là, sur le pont en bois, il s'est tout à coup retourné vers moi et a manifesté pour la première fois quelque chose qu'il n'avait jamais dit :
« Maman, j'aimerais bien avoir une petit sœur. » ♡

Oooooh l'émotion !! OOooooh, Maxime, retiens tout, tu vas craquer ! Je m'y attendais pas du tout. Ça m'a touchée mais à un point ! Sa petite tête avec sa petite voix, c'était un vrai moment simple et pourtant tellement touchant. Je l'ai serré dans mes bras, je lui ai glissé dans le creux de l'oreille que moi aussi, j'aimerais qu'il ait une petite sœur… et lui m'a répondu : « Mais maman, arrête, je dois faire le pont ! » Il était déjà passé à autre chose ! Normal, c'est un enfant, c'était spontané. Alors que moi, je garderai cette phrase gravée dans mes souvenirs toute ma vie.

POUR LUI, C'EST PAS GRAND-CHOSE,
POUR MOI, C'EST MON CŒUR QUI SE SOULÈVE.

J'ai fantasmé des centaines de fois de voir mes enfants jouer et grandir ensemble, main dans la main.
Bon, des parents de deux enfants me diraient sûrement que c'est aussi « grandir à coups de jouets dans la gueule et de disputes » !
Mais ça n'entrave pas mes visions (allez quoi, laissez-moi rêver).
Merci, mon Nino, pour ce moment simple et beau.
Le mois prochain, c'est ton anniversaire et je nous souhaite de tout mon cœur de pouvoir t'apporter ce que tu m'as commandé.

JEUDI 8 SEPTEMBRE

Finalement, mes petites recherches sur Internet ont parfois du bon ! J'étais encore énervée d'avoir raté mon rendez-vous, du coup je cherchais un autre labo pour faire l'hystérographie plus tôt. Tu vas me dire que ce genre de comportement ne m'a pas réussi la dernière fois. Eh bien, figure-toi que ça m'a permis de découvrir une nouvelle technique qui s'appelle l'HyFoSy ! C'est un peu le même principe que l'hystéromachin, sauf que c'est une échographie (l'autre, c'est une radio) et surtout, apparemment, c'est beaucoup plus doux. Donc moins de risque de douleurs. J'ai appelé un centre de la fertilité près de la maison qui pratique cet examen et j'ai un rendez-vous !

Bon, ils n'avaient pas non plus de disponibilités avant novembre, donc il a fallu que je convainque la tarée en moi de ne pas appeler tous les labos de France pour trouver un rendez-vous plus tôt.

Maxime, ne refais pas la même erreur, rappelle-toi du docteur Gargamel ! On garde ce rendez-vous.

SAMEDI 10 SEPTEMBRE

Derniers préparatifs avant le *Clarance* lundi. Je m'occupe de l'entrée de l'hôtel les trois premiers jours et la semaine suivante, j'attaque le restaurant, les salons privés et les escaliers. Je suis tellement excitée par ce projet ! Et flippée aussi. C'est tout nouveau. C'est un rêve d'enfant que j'ai imaginé des centaines de fois dans ma tête mais c'est tout nouveau. J'ai communiqué mes idées au fur et à mesure et je dois reconnaître que j'ai énormément de chance pour ce premier contrat : le client me laisse relativement libre. Ils m'ont juste demandé de bannir quelques couleurs dont le orange et ça tombe bien, je déteste le orange. Par contre, ne pas lésiner sur le blanc, le rose, le lilas et le bleu. J'envisage de rajouter une touche de noir pour moderniser le tout. Je croise les doigts pour qu'ils aiment et me recommandent même !

Je pensais devoir fermer mais l'hôtel m'a proposé de commencer le matin très tôt, vers 6 h. J'ai l'habitude de me lever tôt mais pas l'habitude de créer si tôt ! J'espère qu'ils vont me mettre une fontaine de café à disposition. En tout cas, ça me permet de fleurir l'hôtel de 6 h à 9 h et j'ouvre la boutique à 9 h 30. Je ne perds qu'une demi-heure.
J'espère vivement enchaîner les contrats comme celui-là, donc il faut que je songe sérieusement à embaucher quelqu'un. Ou même à prendre un stagiaire. Déléguer, c'est pas dans mon vocabulaire, mais ça va être indispensable si je ne veux pas être à récupérer à la petite cuillère.
En attendant, ce projet me permet de ne pas penser à toi tout le temps.
Lundi, je serai aussi en pleine ovulation et franchement, ça m'arrange ! Je suis toujours pleine d'énergie durant cette période !

MERCREDI 14 SEPTEMBRE

La vache ! « Je suis toujours pleine d'énergie durant cette période », qu'elle disait. Tu parles, je suis sur les rotules ! Six heures sur place, ça veut dire réveil à 4 h 30 et j'enchaîne avec la boutique jusqu'à 19 h. Ça fait trois jours et j'en peux déjà plus, je suis épuisée !
Allez, va t'organiser des soirées câlins dans cet état ! Si, si, à ce stade, c'est de l'organisation. Je veux optimiser chaque ovulation pour ne pas passer à côté d'une opportunité, mais soyons honnêtes, c'est pas le pied du siècle ! Ni pour ton père je pense, vu qu'il est censé être émoustillé par une fille qui ressemble à un zombie échoué sur une plage. Elle est où la magie de procréer, là ?

FIN D'OVULATION = LES DÉS SONT JETÉS = ENTRÉE DANS LA FAMEUSE PHASE D'ATTENTE AVANT L'ARRIVÉE (OU NON) DES RÈGLES = C'EST LE MOMENT D'EXPÉRIMENTER LES ENSEIGNEMENTS DE FRANÇOISE.

Elle m'a parlé d'une amie sophrologue. J'envisage d'aller la voir. Je perds rien à essayer. Enfin si, de l'argent. Mais si ça me permet de vivre cette période plus sereinement, je suis preneuse ! Parce que durant cette phase d'attente, je ne vis plus, je suis en apnée.

LUNDI 19 SEPTEMBRE

Qu'est-ce que j'ai foutu ? Une erreur pareille, qu'est-ce qui m'a pris, bon sang !!

Je suis arrivée au Clarance ce matin à 6 h, et un quart d'heure plus tard arrivait le camion de livraison : aaaah les fleurs toutes fraîches qui sentent si bon ! Pleine d'entrain, j'ouvre la porte arrière du camion et qu'est-ce que je vois ? De l'orange !

DES TAS DE FLEURS ORANGE PARTOUT !

Je me suis liquéfiée sur place.

J'ai d'abord cru à une erreur de livraison mais il y avait bien mon nom sur le bon de commande. Comme une grosse lâche, j'ai commencé à pester contre le livreur. Un des managers qui m'entendait depuis l'accueil m'a rejointe et demandé de parler moins fort. Et le livreur qui nous demande « Du coup, où est-ce que je pose tout ça ? », nulle part, tu rembarques ton camion avant que... Trop tard, le manager a remarqué les centaines de fleurs orange.

Il m'a jeté un regard d'incompréhension totale et m'a dit : « Vous pouvez m'expliquer ce que vous comptez faire de tout ça, mademoiselle ? »
Par pitié, ouvrez la boîte à gants du camion, que je m'y planque.
Comment lui dire que je me suis lamentablement plantée, qu'il faut repasser commande, croiser les doigts pour être livrés le plus vite possible, et prier pour ne pas perdre les fleurs déjà sur place en attendant ?
L'enfer. L'enfer dans ma tête.

J'ai appelé Natalie en m'excusant platement de mon inadmissible erreur. Elle a appelé son client en inventant je-ne-sais quelle excuse logistique et a fait jouer la garantie pour remplacer les fleurs sans surcharge de coût. Je lui dois une fière chandelle. Un cierge, même ! Elle a tout de même souligné qu'elle ne pourrait pas accepter une erreur pareille une seconde fois. Elle connaît mon professionnalisme et m'a demandé : « Mais comment tu as pu faire une telle connerie ? Toi qui es si perfectionniste ! »
Je me pose la même question.

COMMENT AI-JE PU FAIRE CETTE MONUMENTALE ERREUR...

J'ai passé commande vendredi. Je sortais d'une semaine éreintante, mais je ne peux pas me permettre de me tromper juste parce que je suis fatiguée. Des contrats comme celui-ci, j'en veux plein. Et puis je me suis rappelé qu'au moment où je passais ma commande, je naviguais en même temps sur un site qui résumait les dix prénoms les plus donnés aux bébés cette année. Je n'étais pas là. Pas concentrée. Je n'ai pas fait les choses « en pleine conscience » comme le dirait Françoise. J'étais dans mes pensées. J'étais avec toi, mon amour. En passant commande, je me répétais « tout sauf orange », mais j'étais tellement absorbée par autre chose que j'ai fait l'inverse.

Des erreurs comme celle-ci sont inacceptables. Ça paraît futile, après tout, qu'est-ce qu'on en a à foutre des fleurs orange ou vert pomme ! Mais si c'est important pour le client, je ne discute pas ce choix. Imagine qu'il y ait une histoire lugubre derrière, « le père du directeur s'est pendu à un oranger » et que ce dernier en fasse une syncope devant ma déco orange ? Bon, je vais très, très loin, mais tu vois ce que je veux dire ?

Je ne peux pas rester comme ça. Ce n'est pas possible. Je te donne une place qui a failli me coûter la mienne. Tu as pris le pouvoir.
Enfin, je t'ai donné ce pouvoir.
La phase d'attente monopolise toutes mes pensées, je prie pour que tu sois là, j'imagine le test positif, la façon dont je l'annoncerai à ton père, ou au contraire je doute, je perds espoir.

Rien n'est serein, c'est un tourbillon dans ma tête. Mais mon amour, je ne peux plus te laisser m'envahir l'esprit à ce point. Au point de me tirer une balle dans le pied. Au point de risquer de passer à côté d'un de mes rêves.

VENDREDI 23 SEPTEMBRE

Et voilà, le *Clarance* est relooké ! Tout en orange !

Nan, je déconne. C'est bon, on peut en rire maintenant que c'est fait. C'est si beau, je suis très fière. Le client est content et s'il est content, je suis contente. Et je suis surtout plus qu'heureuse d'avoir réalisé un de mes rêves d'enfant. De manière un peu rocambolesque, je te l'accorde !

J'ai tellement été prise par la fatigue et par ma connerie que j'ai oublié de te raconter une anecdote : l'hôtel avait engagé une jeune fleuriste pour m'aider. Olympe. Elle est en reconversion professionnelle et elle a eu raison parce qu'elle est très douée. Il faut que je te parle d'elle.

Olympe a 34 ans et est en projet bébé aussi. Ça fait deux ans avec son compagnon qu'ils tentent d'avoir un enfant et là, ils sont en parcours PMA. Elle a sa troisième FIV (Fécondation In Vitro) en décembre. Je croise doigts de main et pied pour eux ! Mais quand j'en discutais avec elle, elle me semblait sereine, sans pression, détachée même. Je me disais : « Mais comment elle fait, après deux ans d'attente ?! Comment elle tient ? » Sachant qu'elle n'a pas un Nino pour lui redonner le sourire à chaque échec. Elle m'a alors confié qu'au départ, elle n'était pas comme ça. À partir du moment où elle a désiré un enfant, elle n'était plus que désir. Là-dessus, on se rejoint totalement. Après huit mois d'essais, des examens médicaux lui ont montré un syndrome des ovaires polykystiques. Un SOPK. Beaucoup de femmes en souffrent apparemment, ça provoque des troubles hormonaux et ça te bousille tes cycles et ton ovulation. Certaines n'ovulent que trois fois par an, par exemple. Elle a donc accepté de partir en PMA et a fait le deuil d'avoir un enfant naturellement. Déjà, bravo Olympe !

Par la suite, ce désir devenait une obsession qui lui ôtait toute joie à chaque nouvel échec... Hein, quoi ? Non, je ne vois pas du tout de quoi elle parle ! Et puis un jour, elle a décidé de vivre ce désir de la manière la plus positive possible. Quand elle a dit « décider », j'avoue que j'ai buggé : comment peut-elle « décider » de la manière dont elle le vit ? Est-ce que « décider », c'est le bon mot ? Et elle me l'a confirmé : « Oui, ça se décide. Tu n'es pas obligée de le subir, tu choisis si ce désir te flingue la vie ou s'il t'accompagne, tu choisis si c'est un copain ou un ennemi. »

La vache ! J'avais énormément de mal avec ses propos. J'étais sur la défensive en mode « Eh oh ! Tu crois que je choisis de ressentir de la tristesse tous les mois ? Tu crois que ça me fait plaisir de souffrir ? »
Elle m'a rappelé qu'elle souhaite toujours un bébé mais qu'elle a fait tout un travail sur elle pour arriver à se dire aujourd'hui : « Si j'ai un bébé, c'est bien, si j'en ai pas, ma vie n'est pas merdique pour autant et je refuse de remettre mon bonheur à plus tard. » OUAAAAHAHHHH ! LA FORCE MENTALE DE CETTE MEUF !
Elle n'en pouvait plus de voir cette obsession de l'enfant lui faire oublier tout ce qu'elle a déjà : un super amoureux, des chouettes amis, un métier qu'elle aime, etc.

« Ce que tu désires ne doit pas te faire oublier ce que tu as déjà. »

Merci Olympe. Cette phrase va longtemps résonner en moi.

CE QUE TU DÉSIRES
NE DOIT PAS
TE FAIRE OUBLIER
CE QUE TU AS DÉJÀ.

Remettre les choses à leur juste place. Remettre ce désir d'enfant à sa juste place, pas au-dessus de tout. Olympe m'a apporté une nouvelle façon de voir les choses et même, de les vivre. Je n'en suis pas encore là mais elle m'a ouvert les yeux. Elle m'a même confié que finalement, elle remerciait la vie d'avoir à faire tout ce chemin parce qu'elle n'était plus la même et que, malgré les tristesses et les peurs, cette aventure lui a permis d'en apprendre énormément sur elle. Olympe a la sagesse d'une Françoise.

MARDI 27 SEPTEMBRE

Si seulement tu avais été là. Si seulement j'avais eu un retard de règles. Si seulement j'avais passé un test qui s'était avéré positif. Ça aurait fait une bonne anecdote à raconter : « Ta mère a fait une bêtise au travail mais quelques jours plus tard, on apprenait que tu étais là ! » Mais non. Onze mois. Putains de règles. Je réalise à quel point je suis loin de l'état d'esprit d'Olympe.

Si dans un mois, tu n'es toujours pas là, ça fera un an qu'on essaye.
Un an. Une. Année. Entière. Une année de trop.

VENDREDI 30 SEPTEMBRE

Bon, après trois jours, ça y est, j'ai réussi à revenir à la surface ! Je commence à avoir l'habitude. Et c'est terrifiant d'avoir l'habitude « de ne pas avoir de bébé ce mois-ci ». Passé les premiers jours à pleurer, je me rappelle que la vie m'offre une nouvelle chance d'ici plus ou moins deux semaines, que je peux décider de m'apitoyer sur mon sort ou saisir cette chance, et même l'optimiser.

J'ai appelé Françoise pour avoir le nom de son amie sophrologue. J'avais fait des recherches sur Internet (des « recherches », c'est un bien grand mot) et beaucoup d'articles vantaient les bienfaits de cette approche sur la fertilité, notamment pour la gestion du stress. J'étais même tombée sur un article au titre choc :

LE STRESS, UN DANGER
POUR LA FERTILITÉ

Mais ça va, je suis pas du tout influençable (bien sûr que si), ça ne m'a pas du tout inquiétée (toujours si) et je n'ai pas du tout appelé Françoise (je me suis jetée sur mon téléphone). Comme quoi, ça marche pas ce genre d'article (ça marche tellement que je vais dépenser 75 €). Concrètement, je ne peux pas vivre éternellement avec un stress monumental avant mes règles et une tristesse infinie après mes règles. J'ai rendez-vous mercredi 5 à 21 h. Comme ça, je peux profiter de Nino jusqu'à ce qu'il aille au lit. Françoise la connaît bien, elle est justement spécialisée en fertilité. Et j'ai confiance en Françoise.

SAMEDI 1ER OCTOBRE

Je ne sais pas pourquoi mais je l'ai senti. J'ai senti qu'il allait me faire une remarque de merde.
Ce matin, au petit déjeuner, j'expliquais à ton père que mamie Françoise m'avait conseillé une sophrologue. À ces mots, il a posé sa tasse de café et il a levé les yeux au ciel en souriant et a dit :
« Maxime, dans quoi tu t'embarques encore ? » Ça m'a scotchée.
Dans quoi je m'embarque ? Il est où le soutien qu'il m'avait promis ?
Parce que là, c'est du jugement pur !

On ne vit pas l'attente de la même manière, c'est évident.
Moi, j'en crève et lui s'en tamponne le coquillard. « Tu n'as pas à juger ma manière de gérer cette attente, de même que je ne juge pas le fait que tu t'en contrefiches. » Voilà ce que je lui ai répondu parce que j'en ai marre d'être gentille. Et je suis partie. Il m'a gonflée à un point !
Il a même eu le culot de me demander combien ça coûte ! 75 €, c'est pas rien, mais c'est mon argent. Celui que j'ai gagné grâce à mes efforts. J'estime ne pas avoir à me justifier !

Le soir, il a reconnu qu'il m'avait jugée un peu vite et a ajouté :
« Je ne m'en tamponne pas le coquillard, Maxime. Je suis juste moins pressé que toi. » Pas pressé du tout, Gab. À ce niveau-là, ça s'appelle « pas pressé du tout ». Mais ok, on a dit qu'on ne juge pas.

DIMANCHE 2 OCTOBRE

Si ton père me voyait, il se foutrait littéralement de ma gueule.
Non seulement je vais aller faire cette séance de sophrologie mais je suis en plus, dans la boutique, en train de faire la liste de tout ce qui pourrait optimiser ma fertilité. Donc, on a :

- ♡ Sophrologie
- ♡ Acupuncture
- ♡ Énergéticien
- ♡ Reiki
- ♡ Ostéopathie
- ♡ Phytothérapie
- ♡ Hypnose
- ♡ Fleurs de Bach
- ♡ Kinésiologie
- ♡ Raclette (merde, ça c'est déconseillé par Myrtille)

Et je n'ai pas encore tout creusé. Par contre, je vais touuuuuuus les faireeeeeeee ! J'envoie la liste immédiatement à Gabriel ! Mouhahahahaha !
Je plaisante, je préfèrerais ne rien tester et que tu sois dans mon ventre ce mois-ci. Pour l'anniversaire de ton frère en plus, ce serait merveilleux ! Je ne veux pas te foutre la pression mais ça ferait un super cadeau !

Je ne sais pas ce que je tenterai dans cette liste. Je crois qu'en fait, je cherche un miracle. On a tous entendu une histoire du style : « J'ai une amie qui a été voir tel magnétiseur et le mois d'après, elle était enceinte ! » Moi aussi, j'ai envie d'être cette amie. Moi aussi, j'ai envie d'être ce miracle. Alors on tente. Et on verra.

MERCREDI 5 OCTOBRE

Ce rendez-vous chez la sophrologue était placé sous le signe de l'émotion ! Pourtant, j'avais la flemme de ressortir après 20 h, il faisait froid, il faisait nuit, je voyais ton père sous un plaid dans le canapé, autant te dire que je rêvais de le rejoindre ! Et puis je me suis mis un coup de pied aux fesses et j'y suis allée. Et j'ai bien fait !

Edwige m'attendait avec une tasse de thé chaud. Dans son appartement, elle a créé un endroit si chaleureux. À son image. Cette fille est d'une douceur qui t'enveloppe immédiatement. À peine arrivée, j'avais déjà envie de pleurer. C'est bon, merci, je suis détendue, au revoir ! Je réalise à quel point j'en ai vraiment gros sur la patate.

Elle m'a d'abord posé un tas de questions, une « anamnèse » pour être précise (ouais, j'ai appris des mots), un peu comme ce qu'avait fait Myrtille, même si là, ça portait plus sur mon ressenti global que sur ma glaire cervicale. Sa voix était posée, calme, tellement agréable à écouter. À tout hasard, Edwige, vous faites des heures sup' chez des particuliers ? Non non, ce n'est pas une proposition indécente, c'est pour savoir si vous pouvez venir nous border et raconter des histoires pour s'endormir ? Ok, c'est carrément indécent.

Je me suis ensuite allongée sur un matelas et on a d'abord travaillé la respiration. Elle m'a fait prendre conscience de la respiration abdominale, thoracique et claviculaire. Moi, j'ai tendance à respirer par les côtes alors que c'est plutôt la respiration abdominale qui permet de diminuer le stress. Elle m'a demandé d'accueillir toutes les pensées et émotions qui me traversaient, sans les juger (encore et toujours), et de les laisser filer. M'est alors venue une question : comment je fais pour accueillir une pensée négative sans me faire embarquer par elle ? Parce que moi, si je lui ouvre la porte, elle file pas du tout, elle s'installe chez moi pour des semaines ! Edwige a alors précisé un truc qui m'a beaucoup parlé :

VOUS N'ÊTES PAS OBLIGÉE D'ÉCOUTER VOS PEURS, VOUS N'ÊTES PAS OBLIGÉE D'Y CROIRE.

Wouaaaaah. Ça m'a paru tellement évident. Tous les mois, je laisse la peur de ne pas t'avoir m'envahir, tous les mois je vis au rythme de coups de flippe. Mais je peux aussi leur dire d'aller se faire foutre.

Suite à ça, elle m'a proposé de faire de la visualisation positive.
La visualisation négative, elle n'avait pas besoin de me l'enseigner, j'excelle en la matière ! Imaginer tous les scénarios catastrophes possibles, c'est ma spécialité.
Edwige m'a demandé de visualiser mes ovaires, mes trompes, mon utérus remplis d'énergie, vigoureux, sachant exactement ce qu'ils ont à faire. Un corps en pleine santé. Le but, c'est de changer de point de vue. De montrer à mon corps que j'ai confiance en lui et à mon cerveau qu'une fin heureuse existe.
Et c'est exactement là… que j'ai fondu en larmes.

Depuis quelques mois, je suis en colère contre mon corps. Je l'insulte à chaque arrivée de règles. Il me fait perdre espoir. J'ai partagé mes sentiments avec Edwige et elle m'a invitée à changer de perception quand mes règles arrivent : mon corps fonctionne, il connaît son rôle par cœur, il sait ce qui est bon pour lui. Et s'il n'y a pas de bébé ce mois-ci, c'est sûrement parce que ce n'est pas encore le bon moment, que ça me plaise ou non. Son idée, c'est d'essayer de calmer cette colère qui survient à la vue du sang, de ne pas me laisser embarquer par elle et plutôt de remercier mon corps d'être en parfaite santé.

Je trouve ça aussi intéressant que super dur. Imaginer que mon corps sait mieux que quiconque y compris moi-même, quitte à ce que ça me rende triste, c'est super dur.

Par contre, ce qui est sûr, c'est que cette approche positive les choses. En tout cas, ça change la perception que j'ai de moi : pas celle d'une fille qui n'arrive pas à enfanter parce que son corps la lâche, mais celle d'une future maman en confiance avec son corps et ses capacités. C'est comme si je disais à mon cerveau, à mon corps, à mon être entier : « C'est possible ! » Ce que je ne faisais plus depuis des mois.

Ce rendez-vous aurait pu s'arrêter là et Edwige aurait déjà été une heureuse rencontre dans ma vie. Mais au moment de partir, mes yeux se sont posés sur quelque chose accroché au mur de l'entrée. J'étais en train de fermer mon manteau, je relève la tête et pile à la hauteur de mes yeux, je tombe sur un faire-part envoyé par une patiente qui annonçait la naissance de son bébé prénommé… MIA. Ça m'a tellement émue. J'ai eu l'impression que la vie m'envoyait une petite touche de magie, d'espoir. C'est peut-être rien mais ce petit faire-part m'a fait le même effet que le livre des prénoms : il m'a réchauffé le cœur. ♡

MARDI 11 OCTOBRE

J'ai une nouvelle de dingue à t'annoncer : Natalie est repassée au magasin. Quand je l'ai vue arriver, mon cœur s'est mis à battre à cent à l'heure. Je ne savais pas si elle venait me proposer un nouveau contrat ou m'annoncer que je ne ferai plus jamais d'évènements parce que le monde entier avait appris ma bourde avec les fleurs orange !
Ok Maxime, calme-toi, c'est l'occasion d'essayer les exercices d'Edwige : Allonge-toi au sol, oui, oui, sur le plancher ! C'est parti pour la respiration thoracique ! Nan attends, c'est l'autre ! Et puis t'allonge pas, t'auras l'air con quand elle arrive ! Reste debout, confiante ! Visualise ton vigoureux vagin ! Euh non, c'est pas le moment !

« HEEEYYYYY NATALIIIIE ! COMMENT VAS-TUUUU ? »,
une goutte de transpi sur le front, un coude qui glisse du comptoir, un sourire avec la lèvre qui tremble : hyper naturelle.
« Très bien, et toi ? » Ok, on se détend, elle a le smile. C'est un bon début.
« Tu serais disponible éventuellement le mois prochain ? » Absurrément !
Ouais, mon stress et ma joie m'ont fait inventer un mot.
Et là, elle m'annonce que le groupe Barrière aimerait faire appel à mes services,

en commençant par celui de Lille et peut-être aussi celui du Touquet si le temps nous le permet. Et elle ajoute : « La déco de Noël doit se mettre en place d'ici un mois, mais le groupe a décidé de changer son prestataire habituel. Je suis désolée de te prévenir au dernier moment, mais du coup, j'ai pensé à toi ! Tu crois pouvoir y arriver ? »
FLEURIR UN HÔTEL + LE GROUPE BARRIÈRE + NOËL : finalement, c'est à ce moment-là que j'aurais pu m'étaler sur le plancher. J'ai failli pleurer de joie et tomber à la renverse en même temps. Natalie, quel cadeau tu me fais. Au son de ta voix, je me doute que toi, c'est ton quotidien, mais moi... c'est toute ma vie ! Rhalala ! Je n'en reviens toujours pas !
Elle a tout de même souligné : « Je t'avoue que j'ai un peu hésité en repensant à l'incident de la dernière fois, mais je me suis dit que tu n'allais pas faire cette erreur deux fois ! » Je vais me faire des pense-bêtes partout ! Des pense-débiles, des pense-têtes-en-l'air, des pense-tout-ce-que-tu-veux ! Je ne me tirerai pas dans le pied une nouvelle fois.

Tout doit être prêt pour le 15 novembre. Autant dire demain.
Et les deux hôtels n'ont pas du tout la même déco, les mêmes couleurs, la même ambiance... donc j'imagine qu'il va falloir deux thèmes différents.
Elle m'a dit qu'il fallait que je me concentre sur Lille avant d'imaginer le Touquet car ils sont prêts à prendre un autre prestataire si le temps presse. J'ai bien envie d'imaginer les deux en parallèle. Je m'en sens capable. Tout en tenant la boutique ? MAIS OUIIIII !
Une idée m'a tout de même traversé l'esprit : si je dois faire la déco enceinte, je croise les doigts pour ne pas vomir dans mes fleurs ! Mais ce serait néanmoins merveilleux : je réaliserais deux rêves en même temps...

MERCREDI 12 OCTOBRE

Je suis tellement surexcitée que j'ai eu du mal à dormir.
J'ai pensé à mes idées une bonne partie de la nuit !
Qui dit Noël dit évidemment sapin ! Le Barrière de Lille est un hôtel plutôt corporate, un hôtel de passage pour P.-D.G.
Les couleurs et le mobilier n'ont rien à voir avec celui du Touquet, qui est dans un style Art déco et beaucoup plus familial. Donc on peut partir sur une déco plus fournie, avec plusieurs sapins au centre, par exemple.
Alors qu'à Lille, on restera sur quelque chose de discret, de sobre.
Un sapin qui dit « C'est Noël mais ça bosse ! »

Je suis tellement impatiente de commencer. Et de toi à moi, ce nouveau projet me permet de me concentrer sur du concret, et non pas sur ton absence. Attends, j'avais pas déjà dit ça le mois dernier ?

JEUDI 13 OCTOBRE

Ça y est, Natalie m'a envoyé la ligne directrice que souhaitent les clients. J'avais vu juste, c'est effectivement différent pour Lille et Le Touquet. Par contre, ils ont une charte graphique très précise. Moins carte blanche qu'au *Clarance*. Mais vu l'ampleur du groupe, je m'y attendais. À moi de m'adapter. Et pourquoi pas de proposer quelques suggestions ! Et, accessoirement, de ne pas me faire caca dessus en les proposant...

On a eu un peu moins de soirées câlins avec Gabriel. J'avais la tête ailleurs. Dans mes dessins, dans mes idées. Te vexe pas, mais j'ai plus pensé à mon projet qu'à toi, et tu sais quoi ? Je me félicitais de cette distance. Habituellement, je suis au taquet ! « Gabriel, ôte-moi ce calbar, mon ovocyte attend ! » Jusqu'à devenir mécanique. Cette fois-ci, les câlins étaient moins nombreux mais plus spontanés. C'est cool aussi.

SAMEDI 15 OCTOBRE

Rhooooo Maxime, il est où le lâcher-prise, là ?! Nan, parce qu'il y a trois jours, tu parlais de ça et aujourd'hui, tu consultes une cartomancienne ?
« Hein ? Qu'est-ce que c'est que cette histoire encore ? »
Autant te dire que ça, je ne vais pas en parler avec ton père !
J'étais à la boutique hier et ma copine Amélie m'a rendu visite. Elle me demandait des nouvelles donc je lui ai raconté, excitée comme une puce, le projet avec les groupes Barrière. C'est le premier truc qui m'est venu à l'esprit ! Elle était contente pour moi mais elle est vite passée à un autre sujet : toi.
C'est fou cette capacité qu'ont les gens à te ramener sur LE sujet, tout en te conseillant de ne pas y penser !

Je lui raconte qu'on est toujours en essai, depuis presque un an maintenant. D'un coup d'un seul, ça m'a minée. J'allais bien et le fait de repenser à cette année qui s'est écoulée m'a mis le moral à plat.
Pouf. Comme ça.
Elle m'a caressé l'épaule amicalement et m'a dit deux ou trois conneries du genre : « T'inquiète pas, ma biche, ce bébé viendra quand tu t'y attendras le moins... » Ben voyons. Je m'y attends tous les mois, à quel moment tu penses que je vais oublier ? Et puis, pourquoi tu avais besoin de me poser la question ? Tu ne t'es pas dit que j'avais peut-être pas envie d'en parler ? Elle est venue, elle m'a foutu le cafard et elle est repartie. Sans acheter de bouquet en plus ! Elle m'a laissée seule avec ma tristesse. J'ai remarqué alors une cliente qui avait sûrement déjà fait le tour de

la boutique. Je l'ai saluée et lui ai demandé si je peux la conseiller. Elle me répond : « Je ne sais pas, mais moi, je peux vous conseiller de ne plus voir votre amie, du moins pour le moment. » Elle avait dû entendre la conversation. Je n'ai rien dit, j'ai baissé la tête. Elle avait raison. Et elle a ajouté : « Je connais cette situation par cœur, j'ai attendu quatre ans pour avoir ma fille. » Oooh une alliée ! J'ai relevé la tête et je devais ressembler au chat dans *Shrek* quand il est ému parce qu'elle m'a adressé un grand sourire de compassion. Dix minutes plus tard, on était assises au milieu des fleurs, en train de se confier les pires conseils reçus. Et je crois que la palme lui revient : une amie lui avait conseillé d'adopter un chien. « Comme ça, ça t'évitera de te focaliser sur l'enfant ! »

Ça faisait du bien de rire de tout ça. D'échanger sur des maux très similaires. Je me sentais moins seule. Je lui ai raconté, un peu honteuse, les différentes thérapies que je suis en train de tester. Elle m'a répondu : « C'est pas moi qui vais vous juger ! Moi, pour me rassurer, je tire les cartes ! » Whaaat ? Et c'est là qu'elle me confie qu'elle est très branchée médiumnité, cartomancie, etc. et surtout qu'elle me propose de me tirer les cartes. « À titre gratuit bien sûr ! » Je ne suis pas du tout branchée là-dessus mais pour déconner, pourquoi pas ! Je me suis dit : « Par contre, Maxime, prends les choses avec recul et amusement, ok ? Nan, parce que si c'est pour tout analyser ensuite, ne le fais pas ! » Elle m'a proposé de repasser le lendemain.

Chose promise, elle est revenue aujourd'hui avec son oracle.

On s'est posées à la grande table, au milieu de la boutique, avec un café.

Dans mon imaginaire, ce genre de truc devait se passer dans une pièce sombre avec des bougies partout, en répétant des phrases en latin, enfin un truc un peu mystérieux, quoi ! Pas du tout !

Tout en racontant des blagues, elle a étalé ses 52 cartes devant moi et m'a demandé d'en piocher cinq. « Comme ça, au hasard ? », exactement, au hasard, sans réfléchir. Ouuuuh que c'est pas moi, ça ! Bon, allez, hop, une, deux, trois, quatre et cinq. Je lui ai tendu les cartes et elle les a placées en croix. Ah oui ! Avant ça, elle m'avait demandé de couper le jeu, elle a regardé ma coupe et a souri sans rien me dire...

Elle a retourné les cartes. Et là, je découvre ça :

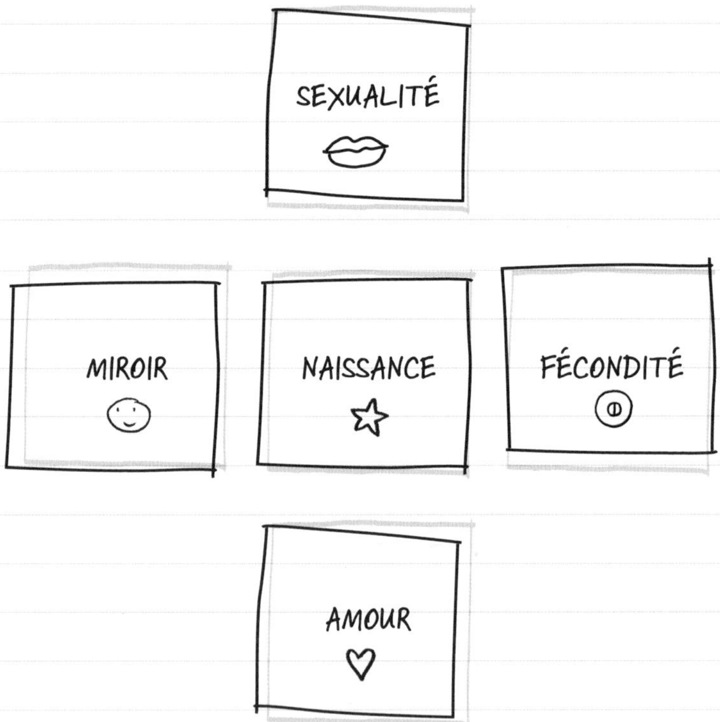

La carte « miroir », c'est moi.

Parmi les 52 cartes du jeu, j'ai pioché, ou plutôt j'ai choisi, les cinq qui sont en rapport avec un projet bébé. Il n'y a pas d'autres cartes plus parlantes dans le jeu. Ah si ! J'oubliais : devine la carte qui est sortie quand j'ai coupé le jeu ? « Enfant ». C'est pour ça qu'elle avait souri. C'est pas un truc de ouf, franchement ? Je suis très éloignée de tout ça, mais j'avoue que j'étais un peu sur le cul !
Et ce qui est drôle, c'est leur place aussi. La carte à droite indique la partie qui pose problème dans l'équation, en gros.
Et c'est « fécondité » qui est sorti. Pile dedans ! La carte du milieu, c'est la résultante, la réponse à ta question : « naissance ».

Évidemment que mon cerveau de cartésienne me glissait à l'oreille : « Mais Maxime, enfin ! Qu'est-ce que tu vas imaginer encore ! C'est une pure coïncidence ! » Et une autre partie de moi cassait la gueule à la rabat-joie en ajoutant : « Et alors, qu'est-ce que ça peut foutre ?! Si ça te fait du bien là-tout-de-suite-maintenant, profite !! C'est gratuit en plus ! » Tu sais, c'est tellement dur depuis bientôt un an de garder la foi encore et encore que des petits cadeaux de la vie comme celui-là, je les prends. La dame était aussi émue que moi.
À la fin, elle m'a dit : « Je vous souhaite de tout cœur que la carte du milieu dise vrai. » La veille, j'avais le moral dans les chaussettes et aujourd'hui, un rayon de soleil m'a traversé le cœur.

LUNDI 17 OCTOBRE

Tu vas me dire qu'à chaque fois que je parle de ta mamie Sylvie, c'est pour dire du mal ! C'est juste qu'elle est vraiment la spécialiste pour me mettre en rogne.

Elle m'a appelée y a une demi-heure pour prendre des nouvelles et je lui ai raconté le deuxième contrat qu'on me propose. Elle était heureuse pour moi. Je sais que ça, c'est sincère. Je le sais parce qu'elle le vit par procuration. Parce qu'elle se sent seule. Qu'elle est seule, tout court.

Mon père est un papa tout doux mais en tant que mari, c'est pas la même personne : il parle très peu là où elle déblatère toute la journée, il veut rarement sortir alors qu'elle est une pile électrique, il ne côtoie personne alors qu'elle voudrait avoir du monde tout le temps à la maison...

Par moment, elle me fait de la peine.

Et depuis que je lui ai annoncé mon désir de deuxième enfant, j'ai l'impression qu'elle souhaite ta venue autant que moi. Tu es son sujet favori. Enfin, ma fertilité est son sujet favori : « Tu as vu un deuxième médecin ? Tu fais attention à ce que tu manges ? Tu continues de prendre ta température ? » Stop ! C'est quoi ta prochaine question ? Tu vas me demander d'observer ma glaire cervicale ? Sérieux, maman ! Je l'ai envoyé chier et elle m'a répondu avec une voix de victime : « Je sais même plus quoi te dire sans que tu prennes la mouche. » Ben, dis rien, maman. Ou reconnais juste qu'attendre, c'est une situation pénible, c'est tout. Un petit « Oui, je comprends » sans rien de plus serait le bienvenu parfois.

Mais c'est pas ça qui m'a foutue en rogne. C'est ce qu'elle a dit en raccrochant : « Faudrait pas qu'il tarde trop non plus, ça commence à

faire long et moi j'avais libéré beaucoup de temps pour m'en occuper... »
Elle se fait chier, c'est confirmé. Mais putain, c'est pas ma faute si elle a une vie de merde ! Et ce n'est ni à moi de lui trouver un passe-temps ni à mon enfant de combler les trous de son planning ! Comment peut-on dire ça ? La culpabilisation, encore et toujours. C'est son arme fatale. Donc c'est bien simple, je l'écris noir sur blanc ici : c'est la dernière fois qu'elle exerce sur moi cette pression. Dernière fois. C'EST FI-NI.

Liste non exhaustive des conseils de merde entendus depuis un an :

Faut faire l'amour sans réfléchir.

⟶ Oui, sauf qu'il y a quand même des jours propices et qu'on te demande de les calculer.

Faut arrêter d'y penser.

⟶ C'est simple : TU. NE. PEUX. PAS.

Partez en vacances !

⟶ Et si ça marche pas, je repars en vacances ? Et je fais ça pendant combien de temps ?

Oublie ton envie !

⟶ Si, si, je te jure, on m'a dit ça à l'anniversaire de Gab. Je ne l'avais même pas écrit tellement ça n'a pas de sens !

C'est parce qu'il faut lui faire de la place, à ce bébé !

⟶ Plus que la place que je te donne déjà, ce serait de la folie.

Finis ton projet, ça viendra ensuite !

⟶ J'en aurai toujours un.

Arrête de calculer !

⟶ Si je ne calcule rien, il ne se passera rien.

Faut peut-être arrêter d'en parler ?

⟶ C'est toi qui m'en parles, crétine !

Faut rester positive !

⟶ Sans déconner ? Parce que moi, j'adore être triste, c'est ma passion !

Prends un chien.

⟶ Sans commentaire.

Lâche prise.

⟶ Ok, c'est le seul conseil à mes yeux qui a une vraie raison d'être. Ce n'est pas parce que je vais lâcher prise que tu viendras, mais c'est parce que je vais lâcher prise que je vivrai l'attente plus facilement.

Je pense que je vais essayer l'acupuncture, paraît que ça a des effets bénéfiques sur la relaxation et que ça peut jouer un rôle sur le rééquilibre hormonal, l'amélioration de la fonction ovarienne, la stimulation de la circulation sanguine, bref, tout ce qu'on aime !

MARDI 18 OCTOBRE

Bon ben ni une ni deux : j'ai appelé Françoise hier pour savoir si elle connaissait un bon acupuncteur. Sur le coup, elle m'a semblée un peu inquiète pour moi. Elle m'a dit : « Maxime, tu as déjà vu une sophrologue ce mois-ci, ce serait bien que tu te laisses un peu tranquille, non ? » Françoise, je vais décider toute seule de quand je veux me laisser tranquille et quand je veux agir. Je ne lui ai rien répondu de ça, je lui ai juste dit de ne pas s'inquiéter. Elle a fini par me donner le numéro du Dr Tran, qu'elle ne connaît pas mais dont elle a eu de bons échos.

J'ai donc appelé ce Dr Tran qui m'a proposé un rendez-vous super rapidement : « J'ai justement une annulation demain à midi, ça vous irait ? » Aïe. Merde. Non. Ça ne m'arrange pas. « Sinon, ça ne sera pas avant trois semaines. » Trois semaines ? Décidément, les gens ont des emplois du temps de super-héros !
Ça ne m'arrange pas parce que tous les mercredis, je passe les deux heures du midi avec mon Nino. Mais attendre encore trois semaines, ça me fait tellement chier... J'ai hésité et finalement : « Ok pour demain. »
Je me suis dit qu'au pire, j'ouvrirais la boutique un peu en retard.

Du coup, qu'est-ce que j'ai fait ensuite ? Eh ben, j'ai tout naturellement fait savoir à ton papa qu'il devait garder ton frère une grosse demi-heure le temps de ma séance avec l'acupuncteur. Et que m'a-t-il répondu de trèèèèèès bienveillant ? « Max, qu'est-ce que tu t'emmerdes à aller faire tout ça ? » Comment ce garçon peut-il être une des personnes

les plus adorables et pleines de compassion que je connaisse et en ce moment, ce connard fini !
Qu'est-ce que je m'emmerde ? Eh ben, je m'emmerde parce que ça fera un an qu'on essaye, que notre bébé n'est toujours pas là, que je mets toutes les chances de notre côté pour qu'il arrive, et accessoirement, pour mieux vivre l'attente !
Lui, par contre, elle en est où sa participation là-dedans ? Il a pris rendez-vous pour son spermogramme ? Je te jure, si un jour, j'apprends que tout ça est en fait dû à un problème de SON côté à cause d'un sperme trop lent ou je ne sais quoi et qu'il a mis 500 ans à prendre un rendez-vous pour s'astiquer dans un labo, je le pourris jusqu'à son dernier souffle ! J'irai graver sur les murs de son atelier : « Comment ça va, Sperme Lent ? » et ce sera son surnom pour le reste de sa vie ! Nan mais oh !

MERCREDI 19 OCTOBRE

Bon ben, ça fait un peu mal, hein. Et je ne sais pas ce qui est le plus douloureux : les aiguilles ou ma culpabilité !

J'ai été voir le Dr Tran à midi, il m'a posé quelques questions avant de commencer mais j'avais pas trop envie de m'étendre dessus, je voulais tout de suite passer à la séance. Il a dû le sentir, il s'est levé et m'a emmenée dans une salle à la décoration douteuse. L'opposé du charmant appartement d'Edwige. Vous pratiquez aussi des autopsies, Dr Tran ?

Par pitié, laissez-moi mettre une fleur ou deux. Je me suis allongée sur une banquette froide. Il m'a placé les aiguilles sur le ventre et... dans la nuque. « Celles-là, c'est pour vous détendre. » Effectivement, allongée avec des aiguilles dans le cou, je suis hyyyyyper détendue ! Et il est parti en me disant : « Laissez-vous aller ! Beaucoup de mes patients s'endorment. » Ce sont des fakirs, vos patients ?

Je n'ai pas réussi à me détendre. Non pas à cause des aiguilles mais parce que je n'arrêtais pas de penser à Nino et au fait que j'aurais pu être avec lui au lieu de ressembler à un oursin sur une table d'opération. Aaaaah, la voici qui refait son entrée en fanfare : la culpabilité ! Ça faisait longtemps ! Au bout d'un quart d'heure, j'en avais marre, j'ai appelé le docteur. Plusieurs fois. Et il a mis dix bonnes minutes à arriver.

« Qu'est-ce que vous foutiez, putain de bordel de merde ! » Nan, je lui ai pas dit ça, je sais me tenir. D'ailleurs, il s'est excusé, il finissait son rendez-vous avec un patient qui a pris plus de temps que prévu. Le pauvre, il devait m'entendre l'appeler comme une gamine. Il m'a enlevé mes aiguilles et m'a donné deux ou trois conseils pendant que j'enfilais mon manteau. Je n'écoutais rien, j'étais déjà partie. Il a souri et m'a dit : « Est-ce que c'est pas ça, le problème ? Être trop pressée ? » Peut-être. Mais là, je veux juste voir mon fils.

En sortant, j'ai prévenu ton père que j'arrivais tout de suite. Dix minutes après, Nino était devant la porte avec son manteau. « Il t'attend depuis un moment » m'a dit Gab sur le ton le plus désagréable du monde.

J'ai eu instantanément envie de pleurer. Gabriel, normalement je t'aime mais là, je te déteste. Je n'ai pas besoin d'être encore plus accablée.

Quand j'ai ouvert la boutique, Nino est venu avec moi. Ça lui arrive de vouloir voir sa maman travailler. Mais en général, au bout de cinq ou dix minutes, il s'ennuie et préfère aller au parc ou à la ferme. Ce sont les mamies qui prennent le relais. Mais aujourd'hui, Nino voulait rester. Il s'est assis et il me regardait faire. Je me suis d'abord inquiétée : « Et s'il restait parce qu'il a peur que je parte ? Et si... », Maxime, calme-toi. Je vais être moins polie : Maxime, ferme-la. Arrête de tout analyser. Il a peut-être juste envie d'être là avec toi. Rien de plus. Profite.

Il m'a demandé le nom de toutes les fleurs. Il était curieux, me posait des tas de questions. Il voulait apprendre à faire un petit bouquet.
Alors on a appris à faire un petit bouquet. Il a choisi ses fleurs une à une, sans réfléchir, sans calculer. Juste à l'instinct. En le regardant faire, je me suis soudain vue à travers lui.
Je suis cette fille qui choisit ses fleurs par instinct, qui crée par intuition. Certains diraient qu'il y a des codes couleur à respecter, ou des tendances à suivre. Mais finalement, la création florale, comme toute création, reste très instinctive. Subjective. Quand je crée, je suis mon envie du moment, mon émotion de l'instant. Loin de toute logique, de tout programme, de toute méthode. Loin de l'intellectualisation. J'ai repensé à la petite fille que j'étais : c'est sûrement l'enfant en nous qui crée. Cet enfant qui

s'autorise à créer, qui accueille tout et lâche totalement prise parce qu'il n'en a pas. On a terminé le bouquet et on l'a exposé dans la boutique.

Le moment était beau, un moment mère-fils suspendu.
Je me sentais tellement bien. Cent fois mieux que pendant la séance d'acupuncture. À moins que ce ne soit justement les effets de la séance... Gab est venu le chercher vers 18 h mais il ne voulait pas partir. Alors plutôt que de le contrarier, j'ai proposé à Gab de rester aussi. Et c'était cool. Tout était tranquille. J'ai souligné à ton père : « Ben tu vois, finalement... Je pouvais aller à ma séance ET m'occuper de Nino. »
C'est fou comme cette journée qui avait pourtant mal commencé s'est si bien terminée. Comme quoi parfois, il suffit juste de lâcher un peu...

VENDREDI 21 OCTOBRE

Et voilà, on arrive à LA période difficile pour moi, celle où je vais tenter de mettre en pratique tout ce que j'ai appris. Celle qui va aboutir ou non à un test de grossesse positif. Ce serait magique pour l'anniversaire de Nino. J'y crois ! Comme tous les mois.

DIMANCHE 23 OCTOBRE

Va falloir que je m'entraîne un peu plus parce que j'y arrive pas du tout. En deux jours, l'attente a envahi la totalité de mon être. Je suis devenue ATTENTE. Ma journée est rythmée par mes questions, mes doutes, mes espoirs, mes chutes de moral. L'attente me ronge. Et j'en oublie d'être heureuse. Au moindre symptôme prémenstruel, toute ma confiance disparaît. Et puis je remonte en selle, me disant que c'est peut-être mes ligaments qui commencent à s'étirer pour créer un nid et t'accueillir. Je me raccroche à tout ce que je peux, à ton prénom vu par hasard dans le livre, au faire-part de Mia, même aux cartes de la cartomancienne. Je m'accroche à tout ce qui me permet de tenir. Ça paraît débile, mais tant pis. C'est déjà suffisamment dur, je ne vais pas en plus me juger.

Mercredi 26 octobre

Dévastée. Encore une fois. Tous les mois, j'y crois dur comme fer, je sens que c'est le bon. Tous les mois, je ressens quelque chose d'inhabituel. TOUS LES MOIS !

Ça y est, ça fait un an. Une année qu'on essaye. Entre cette date symbolique et l'anniversaire de Nino qui arrive, j'y croyais tellement fort. Je me disais : « Ce serait un merveilleux hasard ! » Je me disais la même chose avec l'anniversaire de ton père et je risque de dire la même chose pour mes 40 ans.
COMMENT PUIS-JE ÊTRE AUSSI CONNE ? Comment est-ce possible de se faire avoir encore et encore ? Et je me trouve tellement bête de m'être raccrochée à des soi-disant signes sans fondement. Toutes ces visites chez des naturo, sophrologue ou acupuncteur, tous ces régimes alimentaires, ces recherches effectuées, tout ce que j'ai mis en place… Tout ça pour ça. Tout ça pour en être encore là. Je me fais pitié.

Je ne me supporte plus. Et je ne supporte plus ce rituel : voir ces règles qui sonnent le glas de mes espoirs commencer à couler, se mettre à pleurer, monter les escaliers, arriver dans la chambre, ouvrir le tiroir tout en bas de la commode, prendre une culotte menstruelle, noter le premier jour du cycle.
Et puis quoi ? D'ici quelques jours, je remonterai la pente ? J'arriverai en période d'ovulation, à nouveau optimiste puis à nouveau anxieuse à l'approche fatidique de mes règles ?

Des putains de montagnes russes. C'est insupportable.

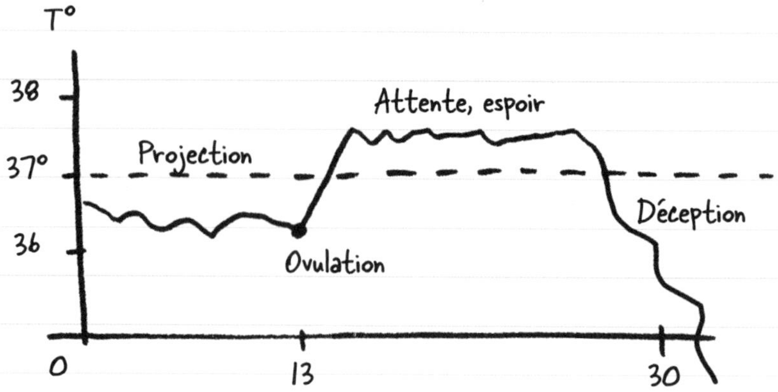

Et le pire, c'est que concrètement, tout va bien ! Ma vie est géniale mais ton absence est une énorme tache noire sur le tableau. Jamais je n'aurais imaginé que ça puisse être si lourd à porter.

Alors tout à l'heure, anéantie, j'ai pris une décision : j'arrête. Pas juste les tests d'ovulation ou le suivi médical. J'arrête tout. TOUT. Je refuse d'être en suspens tous les mois à l'approche de mes règles, je refuse cette tristesse chronique. JE N'EN VEUX PLUS. Ce qui signifie… que je ne veux plus de deuxième enfant. J'étais très heureuse avant que tu n'apparaisses dans ma vie. Dans ma tête. J'étais bien avec Nino, ton père, ma boutique, mes habitudes. Je buvais et mangeais ce que je voulais, je ne prenais des vitamines qu'en cas de fatigue hivernale, j'en avais RIEN à FOUTRE de ma température ou de ma glaire cervicale. J'étais libre. Et j'étais mieux. J'étais mieux sans toi. C'est TERMINÉ, tu peux partir et me foutre la paix.

Jeudi 27 octobre

Il est 21 h à la pendule du salon.

Hier, après ma décision, je suis descendue rejoindre ton père dans la cuisine. Je me suis enracinée face à lui et, déterminée comme jamais, je lui ai balancé : « C'est décidé, j'arrête. On arrête. Tout à l'heure… », et je n'ai pas pu terminer ma phrase. Au moment où j'ai prononcé ces mots, une petite voix dans ma tête est apparue en me demandant : « Alors, ça y est, tu abandonnes ? Tu es sûre ? » J'ai fondu en larmes.

La vérité, c'est que voir arriver mes règles est dévastateur, mais moins que l'idée de ne jamais te tenir dans mes bras. Et c'est là tout le problème : je suis en souffrance tous les mois mais renoncer à mon rêve est encore pire.

Je ne peux pas, mon amour. Je ne peux pas arrêter. À chaque fois que j'imagine ma vie sans toi, je pleure. Je ne peux pas passer devant un rayon pour bébé sans avoir les larmes aux yeux. La moindre pub pour bébé me rappelle ce besoin. Tout mon corps t'appelle. Et je ne sais pas pourquoi. Tu n'imagines pas le nombre de questions que je me pose, c'est un tel bordel dans ma tête :

« Quoi, tu veux dire que ton fils n'est pas suffisant ? »

« Si et je l'aime plus que tout ! »

« Ben alors, pourquoi tu veux absolument un deuxième enfant ? »

« J'en sais rien, je ne l'explique pas ! Juste, je le ressens jusque dans mes tripes ! »

Je ne peux pas dire adieu à mon rêve, mais je peux faire une pause. Pour le bien-être de ma santé mentale. C'est la décision que j'ai prise après la discussion avec ton papa. Et je ferai une pause aussi souvent que nécessaire. Donc ce mois-ci, pas de rapport pendant l'ovulation, pas de contrôle, pas de pression. Ton père a parfaitement compris.

Je vais essayer de récupérer le pouvoir que cette obsession est en train de me voler. Et je vais essayer de garder foi en moi. Une nouvelle fois.

Dimanche 30 octobre 

Apparemment, c'est une nouvelle manie chez nous de vider son sac aux anniversaires !
Hier, on a fêté les 3 ans de ton frère. Je voulais faire une jolie décoration instagrammable dans le salon. Quand j'ai demandé à ton frère ce qu'il voulait comme déco, il m'a répondu « des trains ». Allez, Maxime, démerde-toi avec ça.

J'avais invité la famille, mamie Françoise évidemment, mamie Sylvie et papi Claude, et quelques amis avec leurs enfants. Jusque-là, tout va bien ! On buvait du champagne, on a soufflé les bougies, les enfants s'amusaient, les adultes discutaient.
Et de quoi discutaient les adultes ? Des enfants, bien sûr ! Et où est arrivée cette discussion ? À toi, bien sûr ! « Alors, ce deuxième bébé, vous nous le faites quand ? », quand il voudra bien venir, abruti.

« Eh ben alors, vous avez perdu le mode d'emploi ? Mouhahahaaah ! », toi t'as pas perdu ta connerie en tout cas. J'ai tenté d'expliquer que nous essayions depuis un an mais qu'il y a visiblement un blocage quelque part et Amélie, légèrement éméchée, m'a balancé un : « OOOooooh Max, mais c'est dans ta tête tout ça ! »
Nan, nan, c'est pas dans ma tête, c'est dans les centaines de mouchoirs que j'use pour sécher mes larmes. La cartomancienne avait raison : qu'est-ce que cette pauvre conne faisait chez moi ?

Ça me saoulait tellement que je suis allée rejoindre les enfants ! T'imagines ! À l'anniversaire de Gab, je les évitais et là, je voulais être avec eux. Parce qu'au moins, il n'y a pas de phrases dévastatrices ou de conversations qui me brisent le cœur. Et c'est là, au milieu des disputes imaginaires et des blagues de caca-prout, que j'ai entendu ma mère. Elle était au téléphone avec une vieille tante qui n'avait pas pu venir. Parce que je ne l'avais pas invitée vu que je la connais à peine. Mais ma mère tenait absoluuuumeeeeent à ce que Nino lui parle. Elle s'est approchée de lui en disant « Mon chéri, dis bonjour à tatie Maddie ! », il a répondu « Qui ? », c'est te dire ! Elle a souri et a répété : « Allez, viens dire bonjour ! » Elle me gonflait, je suis intervenue : « Maman, laisse tomber, il joue, là ! » Après, ça s'est enchaîné comme ça : ma mère a vu ma coupe de champagne et n'a pas pu s'empêcher de dire « T'as oublié ce que t'a dit la naturo ? Tu ne devrais pas boire d'alcool... », j'ai entendu la vieille tante ou cousine (je sais même pas) intervenir « Aaah, y a un petit frère ou une petite sœur qui arrive ? », suivi d'une réponse de ma mère qui m'a achevée : « NON, MAIS C'EST EN PROJET ! MAXIME ESSAYE DE ME FABRIQUER LE DEUXIÈME ! »

→ WHHAAATTT ???

De LUI fabriquer le deuxième ? Ça m'a tellement choquée que j'ai eu une nausée ! Je me suis relevée et je l'ai entraînée dans le couloir pour ne pas l'afficher mais je pense que beaucoup ont entendu ma colère : « Écoute-moi bien, maman, je ne TE fabrique pas un enfant ! Cet enfant n'appartiendra à personne et surtout pas à toi ! Il ne viendra pas combler le vide que t'as dans ta vie de merde ! (oui, j'étais remontée) À partir de maintenant, on ne parlera plus jamais de ce futur enfant et tu ne me donneras plus jamais de conseils sur ma fertilité parce que ÇA NE TE REGARDE PAS ! Ne te mêle plus jamais de ma vie privée ou de ma vie professionnelle, ne me fais plus jamais culpabiliser et ne me mets plus jamais la pression parce que sinon je te jure que tu ne verras plus de ta vie ni moi ni tes petits-enfants, EST-CE QUE C'EST CLAIR ? »

Je lui ai lâché ma bombe, elle l'a récupérée les larmes aux yeux. Elle ne m'a rien répondu, a embrassé Nino en disant : « Mamie s'en va, mon chéri. » J'avais peur qu'il soit triste mais il s'en foutait, il jouait avec ses cadeaux. Elle a dit au revoir à tout le monde avec son air pathétique, elle jouait les victimes, ça m'exaspérait. Mon père est venu me faire la bise et je sentais dans son regard qu'il était désolé pour moi.

Françoise et son trait d'humour m'ont rejointe : « Eh ben, je vois que la sophrologie t'a fait du bien ! », ça m'a fait rire. Je n'ai rien pu retenir, il fallait que ça sorte.
Évidemment, je ne suis pas une garce, jamais je ne priverai Nino de voir sa grand-mère et inversement. Mais l'essentiel, c'est qu'elle m'en croie capable. Je voulais absolument qu'elle entende que cette pression, ce contrôle qu'elle a sur moi, c'est terminé. Je ne la laisserai plus jamais faire. PLUS. JAMAIS.

Sacrée journée, les 3 ans de ton frère ! Mon Nino d'amour, ma merveille… Trois ans qu'il ajoute des rayons de soleil à nos jours de pluie. Évidemment qu'il a aussi ses jours de connerie. Mais personne d'autre au monde n'est capable de me pousser à bout et de me faire tout oublier trois minutes après. Les enfants ont un pouvoir magique qui s'appelle l'amour. Incommensurablement et inconditionnellement.
Bon anniversaire, mon fils. Je t'aime tout entier.

Mardi 1er novembre

Il me reste exactement quinze jours pour caler toute la déco de Noël. Deux hôtels. Deux gros hôtels de luxe. Et franchement... je suis confiante ! Je me sens même plus confiante qu'au premier contrat ! Le budget est plus important, les allers-retours avec le client plus nombreux mais tout est relativement fluide. Et surtout, j'ai toute une équipe pour m'aider. Je peux... j'ai du mal à le dire... je peux déléguer ! Ouais, j'essaye d'être moins control freak dans ma vie privée mais ma vie professionnelle, c'est autre chose ! J'ai toujours travaillé seule, donc c'est une nouvelle étape.

Il n'y aura pas d'erreurs, cette fois-ci. Parce qu'il n'y aura pas de bébé à la fin du mois. Donc pas de distraction. Cette pause physique est aussi une vraie pause mentale. Et je peux me concentrer entièrement sur mon travail. Ça fait du bien. Un an que je n'avais pas eu l'esprit totalement libéré de ce projet bébé. Enfin... pas totalement. Parce qu'il y a une toute petite partie de moi qui ne peut pas s'empêcher de penser « Imagine, c'est pendant cette pause que tu tombes enceinte ! » alors que c'est impossible puisqu'on va sauter la période d'ovulation. Mais elle est toujours là, cette mini partie de moi. C'est la même, quand j'ai mes règles, qui me glisse « Est-ce qu'on est sûre que c'est bien des règles ? Est-ce que c'est pas des saignements de début de grossesse ? », cette voix qui veut dépasser les lois de la nature. Mais c'est sûrement aussi cette petite voix qui me fait dire : « Allez, on y croit encore ! »

Mercredi 2 novembre

Il est midi et je n'ai pas de nouvelles de ma mère. Normalement, elle m'appelle toutes les semaines pour savoir si elle prend Nino ou si Françoise s'en charge. Et là, silence radio. Est-ce que je suis allée trop loin ? Est-ce qu'elle me croit vraiment capable de la priver de Nino ? Est-ce que je dois l'appeler ? Rhhooooooo, tu vois comment elle est ? Même quand elle est pas là, elle est là ! C'est dingue, hein ! Maxime, détends-toi. Ne la laisse pas encore avoir un pouvoir sur toi ! N'empêche que je me pose des questions.

Vendredi 4 novembre

Ça y est, c'est fait ! J'ai passé mon HyFoSy ! Et je me félicite d'avoir attendu, ça s'est super bien passé ! Bon, c'était pas l'éclate totale non plus, hein. Mais en tout cas, je n'ai eu aucune douleur.

Le Dr Villette qui m'a fait l'examen était super, elle était très prévenante et m'a tout expliqué au fur et à mesure. « Donc là, vous voyez votre ovaire droit ? », vous parlez de la grosse tache noire dans le brouillard ? Il va bien ? Apparemment oui ! Y a juste un kyste de fonction mais rien d'inquiétant pour elle. Ni à gauche ni à droite. « On va passer au cathéter, ça vous va ? » Vous plaisantez, docteur ? C'est mon rêve !

Elle m'a sorti un tuyau long comme mon avant-bras. À ma tête, elle a compris que j'avais paniqué d'un coup. « Ne vous inquiétez pas, c'est très souple, vous ne sentirez rien. » Et effectivement, j'ai rien senti. Elle a introduit au fur et à mesure un gel pour voir s'il passait bien dans les trompes : c'est le but même de cet examen. À gauche, ça circulait super bien mais à droite, le produit restait coincé dans la trompe, ce qui veut dire qu'elle est obstruée soit partiellement soit totalement. Merde.

« Comment ça a pu arriver ? », Dr Villette m'explique que ça peut être dû à une MST, mais j'ai toujours été très réglo, ça m'étonnerait. Une autre possibilité est que ma trompe ait pu être infectée après une chirurgie dans l'abdomen. Et là, des souvenirs de ma péritonite appendiculaire d'il y a trente ans me sont revenus en mémoire.
Est-ce vraiment ça qui a pu boucher ma trompe ?? Et réduire de 50 % mes chances d'être à nouveau maman ??

Elle m'a tout de suite rassurée en m'apprenant une information que j'ignorais : LES TROMPES SONT MOBILES ! Ce qui veut dire que la trompe droite peut tranquillou bilou aller chercher un petit œuf chez la trompe gauche sa voisine. C'est pas extraordinaire, ça ? Voilà un truc que j'aurais aimé apprendre en SVT ! Le corps humain est merveilleux.

Donc pour résumer, on a un taux de réserve ovarienne très correct, une trompe à la retraite mais une autre qui fonctionne parfaitement. Et j'ai déjà eu un enfant, donc j'imagine que le spermogramme de Gabriel ne sera pas à zéro.

Du coup, docteur, ma question est la suivante :

Qu'est-ce qui bloque, bordel de fion ?

« Votre âge, peut-être ? », ça y est, elle devient vulgaire, « Je veux dire que la qualité de vos ovocytes baisse avec le temps, vous n'avez plus la même qualité maintenant qu'à 25 ou 30 ans. » Coucou la réalité !
Ça fait longtemps qu'on s'était pas vues !
Y a plus qu'à attendre et faire confiance ?
« Tout à fait. Ça fera 110 €. »
Allez, Maxime, sors ton chéquier. Et garde la foi.

Dimanche 6 novembre

Hier, on a fait une RACLETTE ! Youhou ! Oui, parce que depuis ma visite chez Myrtille, je culpabilisais à l'idée de manger du fromage. Mais comme là, on fait une pause, j'en profite.
En l'écrivant, je réalise tout ce que j'ai mis en place au cours de cette attente. Et qui me fait me sentir mal au moindre petit écart.

Faut que je t'avoue un truc : j'en ai un peu marre. J'en ai marre de culpabiliser si je mange un croissant, si j'oublie de prendre mes vitamines, j'en ai marre de faire mes courbes de températures, marre de me demander tous les mois « C'est parce que je n'ai pas bien pris mon acide folique que je ne suis pas enceinte ? », de me demander si j'ai mal fait ou pas fait un truc. Voilà, j'en viens à me poser ce genre de questions :

« Qu'est-ce que j'ai fait de mal ? » Je vais même aller plus loin :
« Est-ce que je mérite ce deuxième enfant ?
Est-ce que je mérite ce deuxième bonheur ? »
Et pendant que moi, je me pose mille questions, certains de mes potes annoncent qu'ils attendent leur deuxième et précisent en riant :
« On savait pas qu'il arriverait si vite ! » Comment font-ils ?
Qu'est-ce qu'ils ont fait que je n'ai pas fait ?
Qu'on n'a pas fait ?

J'ai beau réfléchir, je ne trouve pas de réponses à mes questions. Sûrement parce qu'il n'y en a pas. La vérité, c'est qu'on a très peu de pouvoir dessus. Et ça, c'est difficile à accepter, surtout pour moi. Mon projet professionnel du moment me le rappelle sans cesse : je peux planifier la mise en place de ma déco de Noël mais pas ta venue. J'ai un pouvoir décisionnel sur le projet mais pas sur la création de la vie. Je peux organiser, procéder, prévoir, contrôler tout ce que je veux mais quand il s'agit d'un bébé, il n'y a plus de logique, plus d'analyse. C'est l'exact opposé. C'est l'impalpable, l'abstrait, l'inconnu. Et ça rend les choses aussi belles que difficiles à vivre.

Y a plus qu'à accepter. Accepter que je ne peux pas avoir de bébé grâce à un bon de commande. Accepter qu'il n'y a pas de service livraison express. Accepter que je peux être la plus méthodique possible, je peux même devenir irréprochable, je ne maîtrise rien.

Tu parles d'une pause mentale…

Mardi 15 novembre

Dix jours que je ne suis pas venue. Dix jours que je n'ai pas ressenti le besoin de venir ici. Je suis fière de moi ! Finalement, cette pause, je l'ai faite un peu quand même.

J'ai été tellement absorbée par le projet Barrière. Et j'ai pris un tel pied, tu n'imagines même pas ! Aucune erreur, aucun retard. C'était trop juste pour que j'aille au Touquet, donc je l'ai supervisé à distance. Par contre, j'ai pu aller sur place à Lille.
Quel bonheur c'était ! Je veux faire ça toute ma vie. Je veux mettre des fleurs partout, je veux fleurir le monde entier. Qui transforme un hôtel de luxe en conte de Noël à 5 h du mat' ? Finalement, j'ai mis plusieurs sapins aussi à Lille. Les P.-D.G. ont droit à leur déco magique. Tous les P.-D.G. ont été des enfants.
Mais la déco était beaucoup plus sobre qu'au Touquet où on a fait péter les paillettes ! Les clients sont ravis, Natalie aussi. Et moi, je jubile.
J'ai tellement appris ! À gérer une équipe notamment. Ils m'ont confié une belle brochette de gens très sympas et j'avais rappelé mon Olympe. Elle est tellement cool, Olympe. Je lui ai parlé de la pause de ce mois-ci, elle a évidemment approuvé. « C'est important de reprendre tes droits, de ne pas te laisser contrôler par ton envie de deuxième enfant. »
Elle m'a demandé comment je me sentais, et je lui ai dit : « Bien quand je crée ! » Et c'est vrai, je suis tellement bien quand je crée. Tellement.

Mercredi 16 novembre

Mamie Sylvie a appelé ton père pour savoir si elle pouvait prendre Nino cet après-midi. Elle ne m'a pas appelée moi, elle a appelé Gab.
C'est ridicule. Elle ne veut plus me parler ou quoi ? Elle a peur ? Et puis, je suis un peu tête de mule : « Nan, c'est pas à moi de rappeler ! »
Bon ben, qui rappelle alors ?

Vendredi 18 novembre

Ça y est, ton père a fait son spermogramme ! Encore une conversation tout à fait normale à avoir avec son enfant. Je lui ai rappelé à peu près toutes les dix minutes depuis deux semaines, il était tellement saoulé qu'il a fini par le faire. Franchement, j'en avais marre de me bouger le cul pour maximiser nos chances et que lui ne fasse rien.

Connaissant ton père, il a dû faire des grosses blagues en arrivant pour détendre l'atmosphère. Il m'a envoyé des photos de l'endroit où il devait faire ça : un lit, des toilettes, un lavabo et une télé. Pas loin d'une petite chambre d'hôtel en fait ! Ils lui ont mis un film porno assez classique m'a-t-il dit, pas de rebondissement, on sait très bien que le gars et la fille vont finir ensemble. Faites un effort sur le scénario la prochaine fois !
J'imagine les gars qui viennent régulièrement pour un don de sperme :
« On peut changer de film ? Je l'ai déjà vu, je connais la fin ! »

Dès qu'il a eu les résultats, j'ai mis ma casquette de biochimiste et c'était parti ! J'ai fait des tas de recherches sur Internet pour l'analyser.
Je pouvais pas attendre de voir un médecin, fallait que je sache. Eh ben, c'est une tannée à comprendre ! Finalement, à la quatrième page, il était écrit « spermogramme normal ». Nous sommes des gens normaux. Mais si c'est normal, ça devrait marcher, non ? C'est normal bien ou normal moyen ? J'ai pris un rendez-vous chez ma gynéco pour en savoir un peu plus.

Dimanche 20 novembre

Je profite que ce soit calme à la boutique pour m'adonner à mon activité préférée du moment : chercher sur Internet tout ce que je peux trouver pour optimiser ma fertilité. Tu n'imagines pas le nombre de programmes « spécial fertilité » que je trouve.
C'est comme ça que je suis tombée sur le site de « Renée-Sens ».
Le jeu de mots donne immédiatement envie de se barrer. Sur son site, la nana (qui s'appelle donc Renée) propose, je cite, « des soins que j'ai moi-même mis au point et qui ont fait leurs preuves ». Je les veux bien, moi, les preuves ! Dois-je te croire parce que t'as rajouté une photo de Bali piquée sur Pinterest ?

J'ai évidemment cliqué sur le programme, tu penses, je voulais en savoir plus ! Elle raconte rien, tout y est mystérieux... sauf le prix !
« 290 € la première séance, 260 € pour les prochaines et si vous prenez directement trois séances, c'est 760 € » avec un 810 € barré

pour bien te montrer l'économie que tu fais. La Renée est à deux doigts de nous proposer un code promo !

Du coup, qu'est-ce que j'ai fait ? Je suis passée à autre chose ? Pas du tout, je l'ai appelée ! À ce tarif, j'imagine que c'est miraculeux ! Et elle a répondu. Ouais, à 800 balles les trois séances, tu réponds un dimanche. Je veux en savoir plus et pourquoi ces tarifs de dingue. Elle me répond qu'elle ne peut rien me dire au téléphone « J'ai besoin d'en savoir plus sur vous, votre histoire », oui d'accord, mais pourquoi ne rien dévoiler à ce point ? Pourquoi un tel secret ? « Tout ce que je peux vous dire, c'est que je fais un travail en profondeur », donc ma naturopathe ou mon acupuncteur font un travail de merde ? « Non, c'est pas ce que j'ai dit ! Mais en tout cas, vous en avez pour votre argent ! » Vous en avez pour votre argent... On aurait dit qu'elle me proposait un séjour en pension complète.

Je suis prête à beaucoup de choses, vraiment. Mais pas à dépenser 760 € avec une femme louche qui fait de son programme un secret d'État. Ça ne s'appelle pas aider les gens, ça s'appelle profiter de leur désespoir.

LE DÉSIR D'ENFANT EST DEVENU UN BUSINESS. LE DÉSESPOIR EST UN BUSINESS.

Vendredi 25 novembre

Règles. J'avais un mini et ridicule espoir. Mais j'étais bien plus paisible. Je les ai « accueillies » comme dit Edwige. Pas de colère. L'idée c'est d'avoir la même attitude le mois prochain et de me rappeler qu'après l'ovulation, je ne pourrai plus rien changer. Autant rester sereine. Essayer au moins.

Mardi 29 novembre

Ok, donc on a un problème. Un gros problème. Et il s'appelle Gabriel.

On a eu rendez-vous avec ma gynécologue aujourd'hui. Elle a lu les résultats de nos examens respectifs et nous a confirmé qu'il n'y avait rien d'anormal. Rien sur lequel on pourrait éventuellement agir. Il n'y a rien à faire. C'est l'inconnu. Et on replonge dans l'inconnu tous les mois. Enfin si, il y a quelque chose à faire : on a la possibilité de partir en PMA pour maximiser nos chances. Je ne suis pas encore décidée mais les mots qu'elle a utilisés m'ont mis du baume au cœur :

« SACHEZ QUE SI VOUS AVEZ BESOIN D'AIDE, JE SUIS LÀ ».

J'ai une telle impression de tout porter sur mes épaules, cette phrase m'a allégée d'un coup !

Je ne lui ai pas dit non, j'ai juste dit « pas tout de suite ».
Mais la porte n'est pas fermée. Sauf que Gabriel, lui, l'a claquée d'un coup sec. Il est catégorique, il ne veut pas de PMA. J'ai demandé à ma gynéco s'il existait d'autres examens gynécologiques, elle m'a parlé d'un test post-coïtal qui consiste à prélever de la glaire cervicale après un rapport sexuel.
Gabriel a éclaté de rire.
J'étais super gênée, j'ai répondu à la gynéco qu'on en parlerait entre nous. Et elle a conclu : « Pour l'instant, on est sur une "infertilité inexpliquée". »

INFERTILITÉ INEXPLIQUÉE

Le mot était lâché. Ça m'a brisé le cœur. Je lui ai demandé « Infertilité ? », elle m'a affirmé qu'après un an d'essais infructueux, on appelle ça de l'infertilité. En quelques mois, on est passés de « couple fertile » à « infertilité inexpliquée ». Les larmes me sont montées. Elle l'a vu et m'a dit : « Je vous rassure tout de suite, infertilité ne veut pas dire stérilité ! Vous n'êtes pas stérile, vous avez déjà un enfant, infertilité veut dire difficulté à avoir des enfants, c'est différent. » Je sais que c'est juste un mot mais c'est un mot qui fait mal. C'est acté. C'est médicalement acté. C'est noté dans des dossiers. INFERTILITÉ.

Infertilité inexpliquée... C'est le fourre-tout des infertilités, on y retrouve tout et n'importe quoi. Et c'est la pire pour moi, qui cherche une logique, une raison, à tout.

J'ai immédiatement pensé à cette phrase que j'ai entendue mille fois : « Ça doit être psychologique. » Quand j'entends ça, j'entends : « C'est que ça doit venir de toi, c'est toi qui bloques tout. »
Est-ce qu'il y a plus culpabilisant que ça ? Je lui en ai parlé mais pour elle, l'aspect psychologique n'a pas vraiment d'impact sur la fertilité. Pourtant, il m'est déjà arrivé de ne pas avoir mes règles suite à un gros stress, c'est qu'il y a bien un lien entre les deux ! Elle m'a dit qu'un contexte psychologique et émotionnel positif était favorable mais que ça ne faisait pas tout : « Madame, des femmes sont tombées enceintes pendant les guerres mondiales. » Soit.
Donc c'est quoi, multifactoriel ? « Exactement. »

Je suis sortie abattue du rendez-vous. Je n'ai pas d'autres possibilités que d'attendre sans savoir.
« Maxime, l'inconnu n'est pas une menace, c'est une aventure », j'arrêtais pas de me répéter cette phrase de Françoise.
Je n'allais pas bien du tout et Gabriel allait bien. Et ça m'énervait encore plus. Bien sûr, je ne peux pas lui imposer la manière dont il doit vivre les choses, dont il doit accueillir les informations, mais je lui trouvais une telle indifférence. Je me disais : « Max, arrête d'interpréter, si ça se trouve, il fait ça pour te protéger. » On s'est posés au café avant que j'ouvre ma boutique. J'avais le cœur à rien du tout.

Infertilité. Je n'avais que ce mot à l'esprit. Je lui ai dit : « Ça y est, on est rangés dans une case. » Ça l'a fait rire. Mais moi pas. Du coup, je lui ai demandé pourquoi ça ne lui faisait rien. Il m'a répondu que ça ne lui faisait pas rien mais que c'était pas la fin du monde. Non, bien sûr, mais c'est super dur ! Combien de temps faudra-t-il encore attendre ? Et pourquoi est-il si fermé à la PMA ? Il me répond : « Parce que soit j'ai un deuxième enfant naturellement, soit je n'en ai pas. »
J'en ai alors déduit que l'option « pas de deuxième enfant » était une possibilité dans sa tête et il me l'a confirmé. Faudrait prévenir ! Parce que pour moi, c'est pas une option ! J'en suis donc venue à poser LA question que j'avais envie de poser depuis un moment : « Mais tu désires vraiment un deuxième enfant ? » Et il me répond :
« Non, je n'en suis pas sûr. »

OOOOOH LE COUP DE PIED DANS MON CŒUR !

OOooh qu'il fait mal, celui-là !

Tu es donc en train de me dire que je suis toute seule à vouloir ce deuxième enfant ? Immédiatement, des tas d'images me sont revenues en mémoire, ses réactions quand je vais voir des thérapeutes, son manque d'empathie quand je lui dis que j'en souffre, son absence d'engagement, le fait qu'il ait accepté sans problème de faire une pause qui devait l'arranger, tout me revenait. Et les idées noires ont vite suivi : si ça se trouve, c'est lui qui bloque tout depuis le début ! C'est de sa faute si ça ne marche pas ! Je ne pouvais plus l'écouter, j'ai prétexté devoir ouvrir la boutique plus tôt et je suis partie.

Je suis tellement en colère ! J'ai l'impression qu'il m'a menti depuis le début ! Je ne peux pas faire un enfant avec un mec qui n'en veut pas, c'est pas possible ! Et en même temps, je suis incapable de faire une croix sur toi ! Mais qu'est-ce que je vais faire ? À chaque fois qu'on aura un rapport, je ne pourrai pas m'empêcher de penser qu'il ne te désire pas ! On va l'avoir le blocage, là, c'est sûr ! Putain, quelle angoisse...

Mercredi 30 novembre

J'ai l'impression d'être passée depuis des mois à côté de la personne que j'aime : ton père.

Hier, j'ai été tourmentée toute la journée. Après la colère est venue l'incompréhension : pourquoi Gabriel ne m'a jamais rien dit ?
Il y a forcément une raison. Quand je suis rentrée à la maison le soir, je n'ai pas enfilé mon costume de fille qui va bien, comme j'aurais aisément pu le faire. Il fallait que je lui parle, que je comprenne :
« Pourquoi tu ne m'as jamais dit que tu ne voulais pas forcément de deuxième enfant ? »

PARCE QUE TU NE ME L'AS JAMAIS DEMANDÉ.

Sa réponse était claire, il avait raison.
Il était heureux de me voir heureuse à l'idée d'un deuxième et a préféré se taire plutôt que de briser mon bonheur. Mais récemment, il avait de plus en plus de mal à cacher son véritable ressenti, ce qui explique son manque d'empathie parfois à mon égard. Mon obsession le renvoyait à SA SOUFFRANCE.

Quelle souffrance ? Pourquoi n'est-il pas sûr de vouloir ce deuxième enfant ? « Ma sœur », m'a-t-il répondu.

Sa sœur. Nous n'en parlons jamais puisque nous ne la voyons jamais. Et pour cause : Gabriel et Alice ne partagent rien. Ils ne se côtoient jamais, ne se demandent pas de nouvelles, n'ont pas de relation. C'est presque comme s'il n'avait pas de sœur. Je lui ai demandé : « Et tu en souffres ? » Il s'est assis : la réponse est oui.

Gabriel m'a alors révélé quelque chose qu'il reproche profondément à sa mère : Françoise rêvait de la famille parfaite dans laquelle n'existe aucun conflit. Sûrement parce qu'elle a elle-même grandi dans les disputes et les cris, et qu'elle refusait de reproduire ça avec ses enfants. Si bien qu'elle les a toujours empêchés de s'exprimer, de s'expliquer ou de se disputer quand c'était nécessaire. Elle voulait que ses enfants s'entendent bien, que tout le monde s'entende bien. Elle ne voulait que la joie et les rires.
Mais les rires existent parce que la tristesse et la colère existent aussi. Comme tous les enfants, Gabriel et Alice se sont conformés à ce que leur mère attendait d'eux. Mais ce n'était pas leurs vrais ressentis, leurs vraies émotions. Ou pas toujours. Ils mentaient tous deux sur leurs émotions. Aucune vraie relation ne peut se créer sur du faux. Et la fratrie idéale sur laquelle fantasmait Françoise ne s'est jamais créée.

Je n'en revenais pas : ça me semblait impensable venant de la part d'une femme qui m'apprend à accueillir tout ce qui me traverse ! Il m'a raconté qu'elle avait beaucoup changé après le décès de leur père. Françoise a fait un énorme travail intérieur, a voyagé, a rencontré des tas de gens qui lui ont apporté un nouveau regard sur la vie.

C'est cette personne si bienveillante que je connais. Mais pour Gabriel, c'était plus compliqué. Françoise n'est finalement pas parfaite.
Elle est humaine. Elle a merdé et le regrette énormément. Mais il m'a dit qu'elle avait eu l'intelligence de s'excuser, plusieurs fois même, après son travail sur elle-même. Malheureusement, on n'efface pas les douleurs d'un simple pardon.

Gabriel ne fantasme pas à l'idée d'avoir un deuxième enfant parce que rien, dans ses souvenirs ou dans son vécu, n'est là pour lui donner envie.
Et c'est comme s'il ne voulait pas imposer ça à Nino. Avoir une sœur sans avoir une sœur.
Tout s'est éclairé dans ma tête. J'ai réalisé que je n'avais jamais posé cette simple question à ton papa : « Veux-tu un deuxième enfant ? »
C'était tellement évident pour moi que je n'ai pas pris ses désirs en considération. En l'oubliant dans l'équation, j'ai fait la même chose que Françoise : je ne l'ai pas respecté. Et cette absence de considération de ma part l'a renvoyé à celle de sa mère. Il a été conditionné à ne pas entrer en conflit et à mettre son ressenti de côté, il a fait la même chose avec sa mère, avec sa sœur, et maintenant avec moi.

À l'inverse de Gabriel, je n'ai pas bien vécu le fait d'être fille unique et je n'imposerai pas ça à Nino. Mais qui me dit que j'ai raison.
N'est-ce pas une décision un peu égoïste finalement ? Une décision que j'ai prise toute seule dans mon coin, sans concerter personne.
Mon désir de deuxième enfant a été purement autocentré. Je sais que j'ai un amoureux merveilleux et son comportement ces derniers mois

ne lui ressemblait pas. Je ne comprenais pas ses réactions, mais en regardant les mois écoulés avec un autre filtre, tout devient évident.

On vit tous sous l'influence de notre passé. Mais Gabriel est bien plus que son passé. Doit-il se laisser influencer par son vécu et renoncer à un deuxième bonheur ? Me concernant, ce désir d'enfant est-il juste le fruit de l'influence de mon passé ? C'est la petite fille qui a souffert d'être une enfant unique qui désire follement une fratrie ? Est-ce une bonne raison ? Fait-on des enfants par raison, d'ailleurs ?

Des tas de questions tournent en boucle dans ma tête, dont la principale :

→ QU'EST-CE QU'ON FAIT ?

Pour l'instant, je n'ai pas de réponse. Mais je ne me vois pas imposer quoi que ce soit à ton père. Il m'a dit : « Laisse-moi quelques jours pour réfléchir. » Après la peur que tu n'arrives jamais, voici la peur que ton père ne veuille pas de deuxième. Youpi. Finalement, c'est un peu la même chose. Vais-je être privée de toi ?
Je ne vais plus manger, plus dormir en attendant sa réponse, mais ok.
Je lui dois bien ça.

Samedi 3 décembre

Ton père ne sait toujours pas. Et moi, ça me ronge. J'ai rythmé les trois derniers jours par des « C'est bon, t'as décidé ? », « Et maintenant ? », « Et là, toujours pas ? », « Et du coup, tu sauras quand ? » Quelque chose me dit qu'on ne peut pas prendre de bonne décision sous pression. Je l'ai déduit parce que Gabriel m'a très aimablement dit après mon énième intervention : « Putain, Max, fous-moi la paix, merde ! Tu fais chier à me poser des questions toutes les deux secondes, c'est pas possible ! » Et il est parti en claquant la porte. Je crois que je l'ai un tout petit peu agacé. Oui, je suis très perspicace ! Appelle-moi Sherlock Holmes !

Je sais qu'il faut que je lui foute la paix, que je lui laisse du temps. C'est terrible parce que je ne sais pas si je vais devoir faire le deuil de mon rêve ou pas. Et surtout si je vais réussir à respecter sa décision. On n'impose pas un enfant à quelqu'un mais on n'impose pas non plus son absence, si ? RHAAAA, C'EST SI COMPLIQUÉ !

En attendant, je me focalise sur un truc que je surkiffe : envisager la déco de Noël et cette fois, chez nous ! Je n'ai pas le budget d'un hôtel Barrière mais j'ai tout de même envie de me faire plaisir. Quand j'en ai parlé à ton père, il a spontanément lancé : « Oh génial ! Comme ça, tu pourras faire le sapin avec Nino ! » Gabriel, toi qui me connais, tu me penses vraiment capable de laisser ma déco de Noël entre les mains d'un enfant de 3 ans ? Tu m'as prise pour une mère parfaite qui adoooooore son sapin décoré par un gosse qui mélange les couleurs de pâte à modeler ? Il aura son petit sapin qu'il décorera comme il veut et pour le reste, laisse-moi faire une déco digne d'un showroom, merci !

Tout ça pour dire qu'il ne sait toujours pas. Et que j'ai peur.

Lundi 5 décembre

Toujours sans réponse de Gabriel. À la fin de la semaine, je serai en pleine période d'ovulation. Je. ne. peux. pas. renoncer. à. mon. rêve. Je prie l'univers entier pour qu'il veuille bien de toi.

Mardi 6 décembre

J'essaye de scruter, d'avoir des indices en observant ton père, mais rien. Je ne te cache pas que le temps est un peu entre parenthèses.

Mercredi 7 décembre

Toujours pas.

Vendredi 9 décembre

Ça y est, il sait. On sait.

Ton père est venu me voir quand je suis rentrée, après la fermeture de la boutique. Il m'a dit, très sûr de lui : « Je veux appeler Alice… mais je veux que tu sois là. » Bien sûr, mon amour, je serai là. On a attendu que Nino soit couché, on s'est posés dans le canapé et il l'a appelée. Il était complètement stressé, lui d'ordinaire si calme. Quand Alice a décroché et a entendu la voix de son frère, elle était tellement étonnée qu'elle lui a demandé, paniquée : « Maman va bien ? » Non, il ne l'appelait pas pour une mauvaise nouvelle mais pour se voir. Et il a été droit au but : « Oui, oui, ne t'inquiète pas, maman va bien ! Je me disais juste que… je sais pas… que ce serait cool… qu'on se voie ? » Elle a été aussi surprise de son appel que de sa proposition. Et puis en fait, après quelques bégaiements, elle a répondu : « Ben écoute, oui, pourquoi pas ! Tu veux passer à la maison le week-end prochain ? Tu veux venir avec Nino ? Max pourra se libérer pour venir ? Ça pourrait être chouette de se voir tous ensemble ! »

Lui qui avait peur qu'elle l'envoie brouter l'herbe ailleurs ne s'attendait pas à ce qu'elle l'invite un week-end. Il a réussi à mettre son ego de côté et elle aussi. Ils se sont parlé comme des frère et sœur. Ils ont même ri. Et c'était beau à entendre, j'étais si heureuse pour lui. Avant de raccrocher, elle lui a glissé : « Je suis contente que tu m'aies appelée. » Il a souri, il était ému.

C'est fou comme on peut rester sur des croyances débiles alors qu'en fait, son frère lui manquait autant qu'elle manquait à son frère. Il a suffi d'un coup de fil pour le comprendre. Parfois, on se crée des peurs qui s'avèrent infondées...

Bien sûr, ils vont devoir s'apprivoiser à nouveau. Mais j'ai confiance en eux. Et en leur amour fraternel qui n'a jamais été très loin. Il a raccroché, m'a regardée et m'a dit : « Je crois que ça peut être cool que Nino ait une sœur. » Et moi j'ai pleuré. Comme une madeleine. Cette annonce m'a envahie de joie.

Je ne m'attendais pas à ce qu'il se décide si rapidement. Il m'a avoué qu'il voulait appeler Alice depuis un moment et que notre discussion a accéléré les choses. Il a imaginé la réponse de sa sœur : soit elle l'accueillait et ça le rassurait dans le fait de concevoir un frère ou une sœur pour Nino, soit elle refusait de lui parler et ce rejet aurait confirmé son refus. Merci Alice. ♡

Ça fait des mois que je ne reconnaissais plus ton père et le revoilà. Je l'aime. Follement. Et pas seulement parce qu'il est partant pour le deuxième. Je l'aime pour absolument tout ce qu'il est. L'aurais-je moins aimé s'il m'avait dit non ? Bonne question. Que je ne me poserai pas.

Samedi 10 décembre

Dans un mois pile, j'ai 40 ans. J'ai du mal à me faire à l'idée. 40, c'est pas grand-chose… sauf dans le monde de la procréation. Chaque médecin rencontré ou article lu te rappelle qu'il ne faut plus trop tarder si tu veux un enfant. La radiologue rencontrée lors de mon HyFoSy me l'a confirmé. Ce n'est pas un jugement, c'est un fait : plus le temps passe et plus tes ovocytes perdent en qualité… Rien de tel que la réalité pour te refoutre un bon coup de pression supplémentaire !

Dimanche 11 décembre

Je suis en fin de période d'ovulation. Tout mon corps me le dit. Bon, comme ton père a pris sa décision un peu tardivement, j'espère qu'on n'a pas dépassé la date limite pour concevoir. Cette fois-ci était différente. J'ai eu l'impression de le retrouver. C'est planifié parce que l'ovulation nécessite un planning, mais les câlins étaient beaucoup plus spontanés. Moins mécaniques. Depuis plusieurs mois, je n'avais qu'un seul but, j'en avais oublié la tendresse.

Mardi 13 décembre

Natalie est passée à la boutique aujourd'hui et m'a fait une proposition de dingue : gérer toute la déco florale du lieu d'un défilé de mode. Fleurir un défilé. FLEURIR. UN. DÉFILÉ. Un rêve. Un rêve éveillé. Un des couturiers de la fashion week présentera sa collection au théâtre de Chaillot à Paris au mois de mars et elle a proposé mon profil à l'organisateur. C'est pas encore sûr à 100 %, donc ne nous emballons pas trop quand même...

Oh et puis merde, si, emballons-nous ! Sinon, on s'emballe quand ? Je vais quand même pas reporter mon bonheur !

Jeudi 15 décembre

Pour une fois, j'ai eu raison de m'emballer : l'organisateur du défilé a accepté mon profil ! Ooooooh joie, sois la bienvenue ! Je fourmille déjà d'idées !

Vendredi 16 décembre

Devine qui vient de passer à la boutique ? Mamie Sylvie ! Elle est arrivée, comme si de rien n'était, « Tu vas bien ? » Elle imaginait que je pouvais faire semblant. J'ai pas pu.

« Maman, t'as pas un truc à me dire ? » Je m'attendais à des excuses toutes simples mais elle m'annonce qu'elle a quelque chose à me raconter, que c'est important. « Il faut que je te parle », ça semblait sérieux d'un coup ! Elle m'a même fait un peu peur. J'étais un peu troublée, je lui ai dit qu'elle pouvait parler maintenant, elle m'a dit qu'elle préférait se poser tranquillement, mais que je n'avais pas à m'inquiéter.
Bon. On mange ensemble demain midi.

Samedi 17 décembre

Le déjeuner avec ta grand-mère restera dans le top 5 des moments les plus marquants de ma vie.
Elle est venue me chercher et on est allées au petit resto près du marché de Wazemmes. Je la sentais fragile, je ne l'avais jamais vue comme ça. Mais j'avais pas quatre heures devant moi donc j'ai directement attaqué : « Alors, de quoi tu voulais me parler ? » Jamais je n'aurais pu imaginer sa réponse.

« Je n'ai jamais voulu que tu sois fille unique, j'ai juste pas eu le choix. »
Elle a commencé comme ça. Je n'ai pas compris tout de suite.
Et elle m'a raconté.
« Avec ton père, on a toujours désiré deux enfants. Quand tu avais 3 ans, on a décidé de mettre le deuxième en route comme on dit. Et je suis tombée enceinte assez rapidement. » Quoi ? Je ne l'avais jamais su !

Elle a continué : « J'étais tellement heureuse mais avec ton père, on ne savait pas si on devait te le dire tout de suite ou pas. Tu sais, c'était une autre époque, on ne pensait pas au fait qu'un enfant ressente tout. Alors on a décidé de te l'annoncer quand le bébé bougerait. Quand ce serait plus concret. Le temps passait et je ne tenais plus à l'idée de te l'annoncer ! J'ai attendu quatre mois. Et c'est à ce moment-là que je l'ai perdu. On m'a annoncé qu'il n'y avait plus d'activité cardiaque. » Je suis tombée de ma chaise. Et j'ai fondu en larmes. J'étais à mille lieues d'imaginer que ma mère avait vécu un tel drame. À 4 mois, elle l'avait déjà senti bouger, elle s'était tout imaginé. Tout sauf ça. Tu te doutes bien de la violence qui a suivi. Parce qu'à 4 mois, plus de curetage possible. C'était un petit garçon. J'ai eu un frère. Il s'appelait Andréa. J'ai ri à travers mes larmes : « Maman, t'es abonnée aux prénoms mixtes ou quoi ? »

Comme elle me l'a dit, c'était effectivement une autre époque. Elle n'a jamais envisagé un suivi psychologique. Elle a réessayé de nombreuses fois d'avoir un deuxième enfant (on peut dire un troisième), mais ça n'a pas marché. Et elle avait beau mettre un couvercle dessus, la souffrance était toujours là, son corps n'avait pas guéri. Est-il seulement guéri aujourd'hui ?
Si bien qu'à un moment, elle a tout simplement abandonné l'idée.
Elle a fait le deuil d'avoir un deuxième enfant… sans faire le deuil de celui qui était parti. Andréa.

Je n'avais aucune idée de ce drame. Elle ne s'est jamais confiée. Ni sur cet évènement ni sur la douleur. Même à papi, qui ne sait pas à quel point elle en a souffert. Elle transporte ce bagage si lourd toute seule depuis des années.

Bien sûr, pour ton grand-père aussi ça a été dur, mais pas de la même manière. Ce n'était pas son corps. Mamie a perdu une partie d'elle-même en même temps que ce bébé. Peu à peu, elle a cohabité avec ce secret… jusqu'à ce fameux jour où j'ai annoncé notre désir d'avoir un deuxième enfant.
À partir de là, elle s'est projetée en moi. Elle vit cette attente par procuration. Et elle n'a pas pu s'empêcher de sortir toutes ces phrases maladroites, répéter ces conseils inutiles, s'approprier ma future grossesse. Ça a été plus fort qu'elle. Jusqu'à ce que je le lui dise à l'anniversaire de ton frère. Ça lui a fait comme un électrochoc, « J'ai réalisé que je n'avais pas le droit de te demander ce deuxième enfant que je n'ai pas pu avoir », ça m'a retourné le ventre. Elle aimerait commencer une thérapie. Il n'est jamais trop tard.

Je suis retournée à la boutique totalement bouleversée. Je me repassais le film de mon enfance : je crois que quelque part, je l'ai toujours senti. J'ai souffert de ne pas avoir de frère ou sœur, et je pense que c'est parce que c'est associé à un non-choix. Mes parents n'ont pas pleinement décidé d'avoir une enfant unique. Ils l'ont fait parce que ma mère souffrait, cette décision s'est imposée à eux, c'est la conséquence d'une peine immense. On dit que les enfants sont des éponges, j'imagine que j'ai dû tout ressentir sans arriver à mettre des mots dessus. Sans comprendre. Je me suis même demandé si mon besoin de tout comprendre ne venait pas de là.

Mon après-midi a été difficile et j'étais heureuse de retrouver mon petit garçon le soir. Je crois que ma mère n'a jamais appris à être vraiment heureuse à trois. Alors c'est important que je me le rappelle : on est heureux à trois.

Dimanche 18 décembre

Françoise est venue à la maison aujourd'hui. J'avais besoin de parler. Évidemment, j'ai tout raconté à ton père. Mais Françoise a toujours le mot juste, le mot de plus. L'expérience.

La révélation d'hier a foutu un beau bordel dans ma tête. J'ai déjà une tendance à m'en créer facilement, mais là tu penses bien, j'ai plongé ! Parce qu'évidemment, je n'ai pas pu m'empêcher de faire un rapprochement entre mon histoire et celle de ma mère, entre mes difficultés à concevoir un deuxième enfant et les siennes.
Des questions par dizaines ne cessent de tourner en boucle dans ma tête : Est-il possible que j'aie vécu la souffrance en même temps qu'elle quand j'avais 3 ans et que je cherche à reproduire cette souffrance ? Est-ce qu'inconsciemment, je me punis en n'ayant pas de deuxième enfant parce que ma mère n'a pas pu en avoir ? Est-ce que je m'en empêche pour ne pas

la faire souffrir ? Et est-ce que, du coup, je désire ce deuxième pour des mauvaises raisons ? En même temps, je ne savais rien de tout ça avant-hier ! Ça n'a pas de sens !!

Rholàlàlàlà, nan mais tu vois dans quelle prise de tête je suis ! C'est l'enfer sous mon crâne !

En m'entendant, Françoise m'a tout de suite corrigée : « Bien sûr que si, tu le savais. Ton corps entier le savait et s'en souvient. » Ça y est ? On arrive à l'argument du corps qui fait blocage ? Ma gynéco m'a dit qu'on n'avait pas de preuves de l'impact psychologique sur la fertilité. Françoise m'a confirmé qu'elle n'en avait pas non plus, mais qu'il serait dommage d'écarter un éventuel lien que je pourrais inconsciemment faire :

deuxième bébé = drame.

Là où je la rejoins, c'est qu'indépendamment de mon envie de deuxième enfant, j'ai forcément des traces de ce malheur quelque part.
Des traces indélébiles. Ça me paraît juste humain. Mais peuvent-elles avoir un impact sur ma fertilité ? Aucune idée. Je pense comme ma gynécologue qu'une infertilité inexpliquée est due à plusieurs facteurs. Et c'est le mélange de toutes ces raisons sur lesquelles je n'ai pas de prise et pas forcément d'explication qui m'empêche (pour l'instant) de tomber enceinte. « Infertilité inexpliquée », ça porte bien son nom.

Françoise m'a ensuite conseillé un truc un peu abstrait : les questions qui se bousculent dans ma tête, je dois les poser à mon corps. WHAAAT ?

J'ai rien compris.
« N'intellectualise pas ! Ressens ! »
J'ai encore du chemin à faire. Parce que moi, c'est ma spécialité : intellectualiser les choses et chercher des explications. Je l'ai déjà dit : si je comprends, je maîtrise et si je maîtrise, je... contrôle ! Et le naturel revient vite quand on est fragile.
Mais pour Françoise, le corps ne ment jamais : « Tu peux essayer de te mentir mais lui, il sait tout, donc c'est à lui qu'il faut poser tes questions. C'est lui qui a ressenti et accumulé les émotions. »
Au départ, j'ai trouvé ça complètement barré. Surtout que mon corps et moi, on n'est pas très copains. Mais peut-être que c'est justement l'occasion de renouer avec lui ?
Elle m'a dit que je ne dois pas m'attendre à des réponses concrètes, il faut plutôt prêter attention à une réaction de mon corps, un signal, un message. Et peut-être que cette « réponse » ne viendra pas tout de suite. Patience (c'est pas mon mot préféré).
Elle a terminé en me prévenant : « Dis-toi une chose, ma chérie : il est aussi possible que tu te poses mille questions qui ne trouveront jamais de réponses. Parfois tu n'as pas besoin de tout comprendre.

> Parfois tu as juste besoin de te calmer
> et de laisser la vie te surprendre. »

J'aime pas trop les surprises, moi. Alors qu'elle a raison, parfois, il n'y a rien à faire.

Mardi 20 décembre

Il est 19 h et je viens de fermer la boutique. Depuis deux jours, je suis complètement remuée par tout ce qui s'est passé, j'ai l'impression d'être passée dans un shaker. Impossible de me concentrer. Alors tout à l'heure, j'ai repensé au conseil de Françoise : « Accueille. »

Je me suis dit : « Maxime, plutôt que d'essayer de chasser tes pensées ou ton ressenti, accueille-les ! » J'ai pleuré un bon coup, ça m'a fait un bien fou et ça m'a même amenée vers autre chose : la création.
Je me suis posée devant mes fleurs et j'ai pioché celles qui correspondaient le mieux à mon ressenti. Simplement guidée par mon émotion.
Et j'ai fait un bouquet. Un bouquet pour Andréa. C'est sûrement l'une de mes plus belles créations.

J'ai repensé à la fois où Nino est venu au magasin après ma séance d'acupuncture et où je me suis vue à travers lui : l'intuition avec laquelle il choisissait ses fleurs et composait son bouquet, la pleine conscience qu'il avait à ce moment-là. Je fais exactement la même chose.

C'est fou parce que j'ai longtemps cherché une thérapie qui me permette de lâcher prise et d'être dans le moment présent... sans comprendre qu'elle était juste là depuis le début et que je la pratiquais déjà.
La création florale est ma thérapie.

Désormais, parmi mes bouquets, les clients pourront choisir le modèle « Andréa ». Cette idée a continué à me parcourir : je n'avais jamais pensé donner des prénoms à mes créations. C'est ce que je vais faire. Dès demain, j'invite une petite personne pour créer celui qu'on avait déjà commencé : le « Nino ». Et ce sera le plus beau. ♡

Jeudi 22 décembre

Bon, j'ai proposé un truc un peu spécial à ton père.
Ces derniers temps, la vie a bien joué avec mes nerfs. Les doutes de Gabriel, les confidences de ma mère... Par moments, t'as l'impression que tout arrive en même temps !
Comme c'est une période (et une année !) particulière, j'avais besoin de changer les habitudes et de faire un truc qu'on n'a jamais fait : réunir tous ceux qu'on aime à la maison pour fêter Noël !

C'était pas du tout prévu, donc on a pensé que ça allait bousculer tout le monde... et finalement non ! Je crois que ça arrangeait même mamie Sylvie ! Papi suit mamie, Françoise est ravie et Alice a éclaté de rire à notre proposition. Mais on percevait son émotion au son de sa voix. Gabriel et elle se reverront enfin après des années séparés. Nos enfants vont se rencontrer. Et c'est la première fois que Françoise, ses enfants et ses petits-enfants seront ensemble pour Noël.
Tous ensemble ? Seras-tu là ? Je prie pour être privée de champagne et de fruits de mer. Je prie de toutes mes forces.

Lundi 26 décembre

Réunir tout le monde à Noël était fou. Voir papi et mamie rire dans un coin du salon avec Alice et son mari. Voir Nino jouer avec ses cousins. C'était si beau. J'aurais dû être entièrement heureuse. Mais les règles qui sont arrivées m'en ont empêché.
Je ne peux plus vivre comme ça. J'ai la chance de vivre des moments extraordinaires et je ne peux plus laisser cette attente les ruiner et me ronger peu à peu. Je ne veux plus.

Alors qu'est-ce que je fais ? J'arrête ? Ou je continue d'y croire ?

Mardi 3 janvier

C'est la rentrée.

Samedi 7 janvier

Pic d'ovulation. Glaire cervicale élastique et transparente.

Mardi 10 janvier

40 ans. Ça y est.

Dimanche 22 janvier

Règles.

Lundi 6 février

Ovulation.

Jeudi 10 février

Fin d'ovulation.

Mardi 14 février

Le bouquet « Nino » s'est vendu par dizaines pour la Saint-Valentin. Y compris en livraison.

⟶ Penser à développer la boutique en ligne.

Dimanche 19 février

La PMA d'Olympe a fonctionné, elle est enceinte.

Mardi 21 février

Règles.

Mercredi 8 mars

Ovu.

Samedi 11 mars

Fin d'ovu.

Mercredi 22 mars

Pas de règles.

Jeudi 23 mars

Pas de règles.

Vendredi 24 mars

Le défilé était merveilleux. Toujours pas de règles.

Samedi 25 mars

Toujours rien.

Dimanche 26 mars

Je suis avec ton frère qui prend son bain mais je me suis assise sur un tabouret au fond de la salle de bains pour ne pas qu'il me voie pleurer... de joie !
On y serait ? Cette attente serait-elle derrière moi ? Je suis passée à la pharmacie pour acheter un test de grossesse et je ne cesse d'imaginer les deux traits apparaître. Ces deux traits qui me rendraient entièrement, totalement heureuse. Je ne tiens plus, mais je vais tout de même attendre demain matin. Entre le défilé et ce retard de règles, je suis aux anges.
La joie ressentie est tellement belle que je n'ai pas envie de la nier.
Au contraire, je la prends dans mes bras. J'ai rarement été aussi heureuse.
Je suis en train de regarder

Mardi 18 avril

Mon amour, il est arrivé quelque chose de grave. De très grave. Quelque chose qui va m'obliger à mettre un terme à notre relation. Je prends enfin le temps pour te le raconter. Et ce sera la dernière fois que je t'écris. Il va falloir que je te sorte de ma vie.

Ça s'est passé le dimanche 26 mars. Ton frère prenait son bain et moi, posée sur un tabouret dans un coin de la salle de bains, j'écrivais ici et je me réjouissais à l'idée d'avoir quatre jours de retard.
Quatre jours... Ce n'était pas grand-chose finalement, quatre jours. Mais ça peut être aussi énorme, ça peut être le début d'une grossesse. J'essayais de repérer le moindre signe, quelque chose d'inhabituel qui pouvait me confirmer que tu étais là. Quatre jours de retard et déjà, je voyageais... Je savais qu'il ne fallait pas me laisser embarquer par cette joie prématurée qui pouvait s'arrêter l'instant d'après. Trop tard. Me voilà en train d'imaginer mon futur, imaginer la manière dont j'allais annoncer ton arrivée, me voilà en train de compter sur mes doigts pour déduire le jour de l'accouchement, en train de regarder sur Internet les berceaux, les tables à langer, les petits vêtements... Me voilà partie loin. Ou plutôt près, tout près de toi. Je ne suis plus dans cette salle de bains avec ton frère, je suis avec toi. Ton frère... Ton frère dans le bain... Ton frère, encore si petit, dans le bain tout seul... Je suis soudain « réveillée » par des bruits. Quand j'ai relevé la tête, j'ai vu une scène cauchemardesque : ton frère se débattait dans l'eau. Dans quelques centimètres d'eau. À côté de moi qui étais là sans être là.

J'ai bondi, je l'ai sorti immédiatement, il a toussé, il a pleuré et le soir même, il jouait aux trains comme si rien n'était arrivé. Ça n'a duré que quatre ou cinq secondes, mais c'était suffisant pour me maudire.
À peine quelques heures plus tard, mes règles arrivaient.
Je me suis détestée. J'avais envie de me gifler, de me pousser dans l'escalier, de me faire du mal. De marquer sur mon corps de mauvaise mère cette impardonnable erreur qui aurait pu être fatale quelques secondes de plus : te laisser prendre une place plus grande que celle de ton frère.

Cette image terrifiante me hante. Je ne sais pas si j'arriverai à me l'enlever du crâne un jour ni même à me pardonner. Et je prie l'univers entier pour que Nino n'en garde pas des marques si profondes qu'elles lui provoquent des traumas.

Mon amour, je t'ai donné une place bien trop importante. J'ai laissé faire, je me suis laissé bouffer. Mon désir d'enfant est devenu un besoin, ce besoin est devenu une obsession et cette obsession, une souffrance. T'attendre est une souffrance. T'attendre me tue à petits feux.

L'attente tue. Attendre quelque chose de l'autre. Attendre une réponse. Attendre un coup de fil important. Attendre les résultats d'un examen médical. Attendre les résultats du bac. Attendre que nos parents soient fiers de nous. Attendre de trouver enfin l'amour.
Attendre un test de grossesse positif.
L'attente. Me. Tue. Et je ne veux plus être son esclave.

Aujourd'hui, il me faut regarder la réalité en face : tu n'existes pas et il est possible que tu n'existes jamais. J'ai toujours refusé ce scénario, pourtant je dois admettre qu'il est possible. Tu peux exister un jour comme tu peux ne jamais exister. Cette version de l'histoire me fait pleurer à chaque fois. Pourtant, je dois apprendre à vivre avec.
Je ne peux plus laisser mon obsession prendre les rênes de ma vie au point d'oublier ce qui est déjà là. Désirer un enfant, c'est merveilleux. En oublier de vivre, ce n'est plus possible.

« Ce que tu désires ne doit pas
te faire oublier ce que tu as déjà. »

Olympe m'avait prévenue. Pourtant, c'est exactement ce que j'ai fait le soir du 25 mars : j'ai oublié l'essentiel. Et l'essentiel, ce soir-là, ce n'était pas une hypothétique grossesse mais les rires de ton frère qui s'amusait dans le bain.

Il est temps de faire le deuil. Pas le deuil de toi, pas tout de suite, mais le deuil de tout ce que j'avais imaginé. Toutes les histoires que je m'étais inventées ne verront jamais le jour. L'attente me les a volées.
Mais tu sais, quelque part, cette attente, je lui suis reconnaissante.
Sans elle, je n'aurais pas contacté Natalie, je n'aurais pas fleuri des hôtels et défilés, je n'aurais pas rencontré Olympe ni les gens qui m'ont permis de renouer avec mon corps. Sans elle, je n'aurais pas permis à ma tristesse de s'exprimer, je n'aurais pas appris que la réussite n'est pas toujours égale à la somme de tes efforts et que parfois la meilleure chose à faire est de

justement ne rien attendre et se laisser surprendre par la vie. Sans elle, Gabriel n'aurait pas retrouvé sa sœur. Et surtout, sans elle, je n'aurais jamais su que j'ai eu un frère nommé Andréa.

J'ai longtemps essayé de nager à contre-courant en refusant la réalité, mais je suis épuisée. Désormais, je veux suivre les mouvements que les vagues de la vie me proposent. Je veux accepter. Apprendre à accepter. Totalement. Ne plus rien retenir quand tout m'échappe. Et lâcher, enfin. Ce qui arrivera désormais, c'est l'inconnu. À l'heure où j'écris ces lignes, j'ignore où le courant va m'emmener. Mais je sais que quoi qu'il arrive, tout ira bien.

Tout va bien, mon amour, et tout ira bien. Je ne sais pas si j'aurai la chance de te connaître un jour. Je te laisse décider de venir... ou non. Si tu fais de moi ta maman, je serai comblée. Mais si tu préfères nous laisser tous les trois, je te remercie d'avoir existé dans ma tête et dans mon cœur et de m'avoir accompagnée ces derniers mois.
Quoi que tu décides, je te promets d'être heureuse.

Je te laisse maintenant, je vais retrouver ton frère et ton père. Je vais retrouver ma vie. Je t'aime.

Maman.

Samedi 23 janvier

Je viens de tomber sur ce vieux carnet en cherchant des vieilleries dans le grenier. Et il reste quelques pages libres alors j'écris. Je ne sais même pas pourquoi je fais ça. Comme toi, il y a dix-huit ans.

La dernière fois que tu es venue écrire ici, tu ne savais pas qu'il te faudrait patienter encore huit mois avant que j'arrive. Et je suis arrivée au milieu de rien, ni avant ni après un évènement particulier. Pas « juste avant de commencer une PMA » ou « pile au moment où on pensait adopter ! » Rien qui puisse faire une anecdote mémorable. Rien de magique. Si ce n'est la vie.
C'est drôle, pas plus tard que la semaine dernière, on discutait de ton attente. Tu m'as souvent répété que tu t'en serais bien passée mais qu'en même temps, elle t'avait tellement apporté. Tu m'as toujours dit que derrière chaque aventure de la vie, il y a un message.
« Prends de la hauteur, mon amour. Le soleil est toujours derrière les nuages. »
Cette attente t'a élevée, maman. Elle aurait pu te soumettre, tu en as fait ta force.
Et si j'aborde la vie avec une entière confiance, c'est grâce à toi.
Merci de m'avoir aimée avant même que je n'existe.
Je t'aime aussi. ♥

Mia.

PS : À toi, Andréa.

